W0415475

Carola Nahnsen

LASS DICH SEHEN

Warum dein Kleiderschrank
dich glücklich machen darf

1. Auflage 2021

ISBN Print Hardcover: 978-3-9823626-1-8
ISBN Print Paperback: 978-3-982 3626-0-1
ISBN E-Book: 978-3-9823626-2-5

Alle im Text enthaltenen externen Links wurden sorgfältig geprüft, konnten jedoch nur bis zum Zeitpunkt der Buchveröffentlichung eingesehen werden. Auf spätere Veränderungen habe ich als Autorin keinen Einfluss. Eine Haftung ist daher ausgeschlossen.

Dieses Buch habe ich in erster Linie für Frauen geschrieben. Um eine bessere Lesbarkeit sicherzustellen, habe ich es dennoch vermieden, sämtliche Personenbezeichnungen und personenbezogen Hauptwörter anzupassen und mal die weibliche, mal die männliche Form verwendet. Dies beinhaltet keine Wertung – jeder Mensch darf sich angesprochen fühlen.

In einigen Kapiteln erzähle ich von Begebenheiten mit realen Personen, die mir hierzu ihr Einverständnis gegeben haben. Zum Schutz der Persönlichkeit wurden ihre Namen teilweise verfremdet.

Lektorat: Esther Middeler – www.middeler.com
Cover: DESIGNSTUUV® Werbeagentur GmbH & Co. KG
Gestaltung Innenteil: buero inaoakley – www.inaoakley.de
Druck: WIRmachenDRUCK GmbH, Backnang (Hardcover), Amazon Media EU Sarl (Paperback)
www.carola-nahnsen.de, info@carola-nahnsen.de
Carola Nahnsen, Hangenkamp 21, 48565 Steinfurt

Stimmen zum Buch

„Erwischt!", dachte ich immer wieder beim Lesen und lachte an so mancher Stelle Tränen. Carola ist wie die gute Freundin, die einen an die Hand nimmt, damit der Kleiderschrank kein Horror-, sondern Traumthema wird. Ladies, schließt endlich Frieden mit eurer Garderobe und lernt von der Kleiderschrankheldin, wie das geht!

Nicole Staudinger,
Schlagfertigkeitsqueen & SPIEGEL-Bestsellerautorin

„Kleider machen Leute" - dieser altbewährte Spruch passt nirgends besser als zu Carolas wundersamer Fibel, die nicht nur in keinem Bücher-, sondern vor allem in keinem Kleiderregal fehlen darf. Unterhaltsam und lehrreich, aber vor allem sehr, sehr inspirierend. Ganz wie die Autorin selbst. Ich liebe es!

Mimi Fiedler,
Schauspielerin & SPIEGEL-Bestsellerautorin

Inhalt

Vorwort

Liebe Leserin,

dieses Buch habe ich für dich geschrieben, und ich glaube daran, dass es im Leben keine Zufälle gibt. Es ist für mich das größte Geschenk, wenn dir dieses Buch eine neue Sichtweise auf dich, deine Outfits und natürlich deinen Kleiderschrank vermittelt. Du hast es verdient, dass er dich glücklich macht.

Wenn mir jemand vor ein paar Jahren gesagt hätte, dass ich einmal ein Buch schreiben würde, hätte ich laut aufgelacht und wäre puterrot geworden. Ich und ein Buch? Herrje, wer sollte das lesen, und vor allem, wie sollte ich mit meinem Wissen ein ganzes Buch füllen? Ich war diejenige, die sich in der Schule immer in die hintere Reihe gestellt hat und beim Sport zum Schluss gewählt wurde. Die, die immer für jünger gehalten, und der wenig zugetraut wurde.

Allerdings änderte sich dies über die Jahre, da mir so wunderbare Menschen über den Weg gelaufen sind, die viel mehr in mir gesehen haben. Sie haben dort Potenzial vermutet, wo ich mich nie getraut hätte, danach zu suchen. Was das alles mit Kleidung und Co. zu tun hat, wirst du erfahren, wenn du weiterliest. Ich nehme dich mit auf meine ganz persönliche Reise. Du erfährst Geheimnisse und Erkenntnisse, die mich zu der Frau gemacht haben, die ich heute bin. Vor allem soll es ein MUT-MACH-Buch sein. Du darfst dich trauen, dich zu zeigen, und alles zu tragen, was dir gefällt – egal, was die anderen sagen.

Lies das Buch in deinem Tempo. Vielleicht wirst du es in ein paar Tagen verschlungen haben oder es immer mal wieder zur Hand nehmen und die einzelnen Kapitel für dich reflektieren. Du kannst natürlich auch direkt mit der „21 Tage Kleiderschrank-Challenge" anfangen, wenn du keinen Tag länger frustriert vor dem Schrank stehen möchtest.
Verlass dich einfach auf dein Bauchgefühl. Da wir ja zum Glück alle unterschiedlich sind, wirst du die passsende Reihenfolge für dich wählen. Die Challenge kannst du übrigens jedes Jahr oder sogar zweimal im Jahr wiederholen. Es macht besonders viel Sinn, wenn ein Saisonwechsel ansteht, also im Frühjahr/Sommer oder Herbst/Winter.

In diesem Buch teile ich meine ganz persönlichen, subjektiven Erfahrungen und (Lieblings-) Marken mit dir. Denn bei jeder Beratung werde ich nach Empfehlungen gefragt – und warum sollte es anders sein, wenn ich darüber schreibe? Es gibt so viele wunderbare kleine und große Labels, die ich bereits kennenlernen durfte. Zum Teil habe ich die Inhaber auf der Fashion Week oder via Instagram getroffen. Da mir das Netzwerken und gegenseitige Weiterempfehlen so am Herzen liegt, sind einige Tipps dabei. Nicht jede Marke passt zu jeder Frau. Eine individuelle Beratung kann der Inhalt natürlich nicht ersetzen, doch nach nun fast einem Jahrzehnt Erfahrung, findest du bestimmt den ein oder anderen Impuls für dich und deinen Kleiderschrank.

... und nun viel Spaß beim Lesen.

Deine Carola

Modetypen-Test

Bist du unsicher, was überhaupt deinen persönlichen Modestil ausmacht? Dann kann dir mein kostenloser Test sicher weiterhelfen. Du erhältst anschließend eine Auswertung und einen passenden Styling-Impuls zu deinem Modetyp.

www.carola-nahnsen.de/test

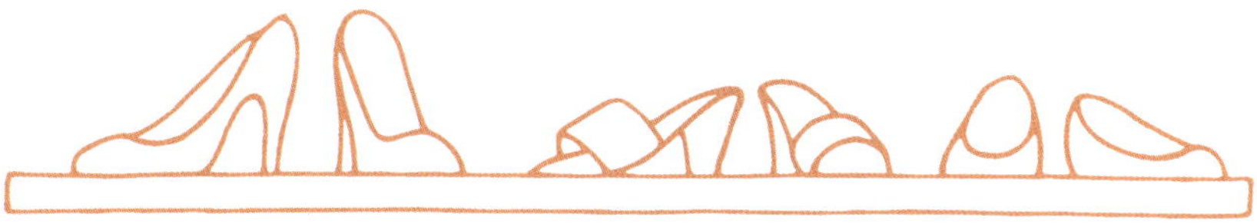

Prolog

An einem Montagmorgen klingelt bei mir das Telefon. Die Frau am anderen Ende stellt sich als Sabine vor und legt gleich los.

„Hallo Carola, ich habe deine Nummer von meiner Freundin Tina bekommen. Sie strahlt jetzt jedes Mal, wenn ich sie sehe. Neben ihr fühle ich mich total unscheinbar. Bei mir herrscht absoluter Outfit-Notstand. Ich brauche dringend deine Hilfe. Du kannst dir gar nicht vorstellen, wie viele Schrankleichen bei mir rumliegen. Mein Stapel an Zielhosen wird immer größer und mein Muffinspeck an den Hüften mutiert bald zum Gugelhupf."

Wir lachen beide laut auf. „Ok, ich merke, da liegt ein Outfit-Notfall vor", sage ich. „Was ich toll finde, ist, dass du deine Situation mit so viel Humor beschreibst. Erzähl mir doch bitte noch ein wenig mehr, damit ich dich besser kennenlerne."

Das lässt sich Sabine nicht zweimal sagen: „In meinem Schrank stapeln sich die Walla-Walla-Oberteile. Wenn ich in den Spiegel schaue, fühle ich mich total unförmig. Irgendwann habe ich mein Körpergefühl verloren und zwar nach den Schwangerschaften. Ach ja, und mit den Strickjacken zum Kaschieren könnte ich eine eigene Modeboutique eröffnen. Ich muss dich jedoch vorwarnen." Am anderen Ende des Hörers ist ein lauter Seufzer zu hören. „Ich kann mich total schlecht von Sachen trennen."

„Da kann ich dich beruhigen", erwidere ich. „Damit bist du nicht alleine. 10 von 10 Frauen haben einen Schrank voll nichts anzuziehen. Und die meisten davon leiden unter akuter Aussortier-Sperre, da die Sachen ja irgendwann bestimmt noch mal passen könnten, wenn die Kilos wieder runter sind ... Schließlich haben sie ja einmal reingepasst oder hatten es zumindest vor."

Sabine stimmt mir zu und fährt fort: „Die einzigen Dinge in meinem Schrank, die mich nie im Stich lassen und mir Freude bereiten, sind meine Schuhe. Von meinen Freundinnen wurde ich schon häufig gefragt, wo denn der ganze Besuch sei, als sie die Schuhparade gesehen haben. Doch ich hatte keinen Besuch, die gehören alle mir! Das sind dann allerdings auch die Frustkäufe, wenn ich keine passenden Klamotten beim Einkaufsbummel finde. Die Flut an Kleidung macht mich einfach noch unsicherer und wenn ich dann mal etwas anprobiere, frustriert mich, was ich sehe."

Wieder lässt sie einen tiefen Seufzer hören. Dann nimmt ihre Stimme einen entschlossenen Klang an: „Spaß beiseite. Es ist mir sehr ernst. Ich verzweifle jeden Morgen aufs Neue und habe keine Freude mehr an meinen Outfits. Ich habe mir zwar diesmal fest vorgenommen, 10 Kilo abzunehmen, doch wann ich das schaffe, steht in den Sternen. Bin ich ein hoffnungsloser Fall?"

„Liebe Sabine, erst einmal vielen Dank für deine Offenheit. Ich höre, dass es dir wirklich ernst ist. Das freut mich und wir kriegen das zusammen hin! Am besten komme ich als Erstes zu dir nach Hause und wir starten mit dem *Shoppen im eigenen Kleiderschrank*. Danach hast du nur noch Dinge im Schrank, die dir wirklich passen und gut stehen. Wir werden dabei Lieblingsoutfits kombinieren, die dir bislang gar nicht aufgefallen sind. Danach notieren wir uns, was dir wirklich noch fehlt. Das ist dann *Shoppen auf Rezept*. Was meinst du, sollen wir das so machen?"

Am anderen Ende der Leitung ist spürbare Erleichterung zu hören: „Wunderbar, das hört sich nach einem guten Plan an. Wann kannst du zu mir kommen?"

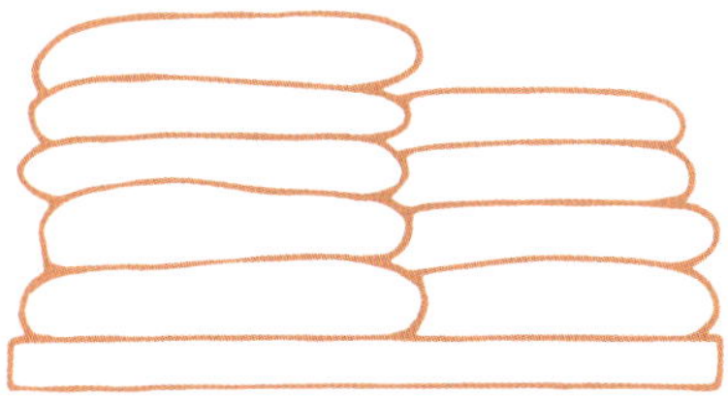

1. Meine Geschichte

Von der Raupe zum Schmetterling – Wie ich an meinen Herausforderungen gewachsen bin.

Schon früh habe ich meine Leidenschaft für Mode entdeckt. Aufgewachsen bin ich in Schortens, einer kleinen Stadt im Herzen von Friesland. Es liegt zwischen Wilhelmshaven – meinem Geburtsort – und Jever, bekannt durch das Hopfengetränk.

Meine Mutter ist Schneiderin und wenn ich davon erzähle, höre ich das Rattern der Nähmaschine aus ihrem bis heute existierenden Nähzimmer. Ich fand es einfach toll, mit ihr in das hiesige Stoffgeschäft zu radeln und mir stundenlang die unterschiedlichen Stoffballen anzuschauen. Es war alles da, von schlicht bis auffällig, und ich verrate hier direkt mal, dass mich schon immer Dinge angesprochen haben, die ins Auge stechen.

Auch wusste ich modetechnisch was ich will. Mit der *Burda* bewaffnet, zeigte ich schon als kleines Mädchen zielgerichtet auf einen ganz bestimmten Stoffballen und flehte meine Mutter an, mir daraus das Kleid aus der Zeitschrift zu nähen. Oft hat sie mir diesen Wunsch auch erfüllt. Zudem sind wir auch ab und zu zusammen einkaufen gefahren. Wir nahmen immer den Bus nach Wilhelmshaven und wenn dieser mal nicht kam, weil der Fahrplan sich aufgrund der Ferien verändert hatte, brach für mich eine Welt zusammen.

Es war einfach schon ganz früh meine Passion, shoppen zu gehen. Wobei es noch heute so ist, dass immer zuerst meine Mutter dran ist. Ich habe schon mit 6 Jahren mit einer Engelsgeduld stundenlang Hosen in unterschiedlichen Schnitten und Farben angeschleppt, bis endlich das perfekte Modell gefunden war. Danach durfte ich zur Belohnung in die Kinderabteilung gehen und habe immer etwas Schickes für mich gefunden.

Einen Satz von meinem Papa, der nur selten mitgegangen ist, werde ich immer in meinem Herzen tragen. Er sagte einmal in der Mitte eines Shoppingmarathons zu mir: „Carola, egal, was du anziehst, dir steht einfach alles."

Die Auswahl an großen Modehäusern ist übrigens in Friesland im Vergleich zu Düsseldorf sehr gering. Doch ich habe schon früh verstanden, dass viele Marken tolle Kleidung anbieten – es ist nur wichtig, seinen Blick dafür zu schärfen! Ich kam jedenfalls schon früh mit Marken in Berührung, die für mein Alter nicht gerade up to date waren. Trotzdem habe ich daraus immer tolle Outfits gezaubert, denn auf die Kombination kommt es an. Mehr dazu später ...

Meine Freude an Kleidung hat sich die ganze Jugend über gehalten und ist immer stärker geworden. Somit kam, was kommen musste: Ich bewarb mich mit 16 Jahren als Dekorateurin beim Modehaus „Bartsch“ in Wilhelmshaven. Es war damals das größte Geschäft in der Gegend und hatte sehr viele hochwertige Labels im Angebot. Ich stellte mir schon vor, wie es wäre, wenn ich die Schaufenster mit den neusten Modetrends ausstattete.

Da saß ich also mit meinen 1,60 m und blonden langen Haaren – natürlich zum Pferdeschwanz gebunden – wie vor einer Jury, den vier Geschäftsführern gegenüber. Ich trug ein mausgraues Kostüm mit einer rosa Bluse, die einen Bubikragen hatte.

Bei diesem Vorstellungsgespräch habe ich rückblickend so gut wie kein Wort herausbekommen. Ich war so aufgeregt, dass mein Gesicht hochrot anlief, wenn ich dann doch ein oder zwei Sätze hervorbrachte. Die Ausbildungsstelle hat jedenfalls Jan aus meiner Parallelklasse bekommen. Für mich zu diesem Zeitpunkt unverständlich, denn ich wähnte mich als die perfekte Azubine. An meinen Noten kann es nicht gelegen haben; es war meine Schüchternheit, die mir im Laufe meiner Karriere noch die ein oder andere schlaflose Nacht bereitete.

Da ich schon immer zielgerichtet war, fasste ich nach der Absage schnell den Entschluss: Wenn es mit der Mode nicht klappt (denn ich wollte nur in ein großes Modehaus), mache ich das, was ich schon immer gern gemacht habe – „mich um andere kümmern“. So bewarb ich mich in Fünf-Sterne-Hotels in ganz Deutschland. Aufgrund meines Alters und ohne Abitur war es äußerst schwer, einen Ausbildungsplatz als Hotelfachfrau zu bekommen, obwohl ich kurzerhand noch ein Jahr Berufsschule mit dem Schwerpunkt „Gastronomie“ anschloss. Doch meine Hartnäckigkeit brachte mich durch einen Netzwerkkontakt zum *Steigenberger Hotel* in Frankfurt.

Die Zeit dort war prägend und immer spannend. Ich lernte, wie ich – als damals schüchternes Nordlicht – auf Geschäftsleute und Promis zuging. In jeder Situation freundlich und zuvorkommend zu bleiben, machte mir nichts aus, sondern spornte mich an.

Danach blieb ich der Sterne-Hotellerie treu und wechselte ins *Hyatt* nach Mainz in die Eventkoordination. Als ich während dieser Zeit einen Anruf von einer ehemaligen Kollegin aus Frankfurt bekam, überlegte ich nicht lange und ging für fast zwei Jahre nach Brighton in England. Der Küste war ich somit wieder ganz nah. Die Engländer sind modetechnisch übrigens weit vorne und Shoppen bin ich dort sehr gern gegangen.

Die Liebe verschlug mich danach nach Düsseldorf. Als Senior-Veranstaltungs-Koordinatorin habe ich dann viele Jahre Seminare und Kongresse im Bereich Persönlichkeitsentwicklung organisiert. Zur Qualitätssicherung musste (nicht durfte!) ich an den Seminaren teilnehmen, was sich im Nachhinein als das größte Glück erwiesen hat. So wurde ich im positiven Sinn gezwungen, an meinem Lampenfieber zu arbeiten, und lernte eine meiner Mentorinnen kennen, Dr. Reni Berg aus Darmstadt. Sie coacht im Bereich Rhetorik, Körpersprache und Stimme.

Von der ersten Sekunde an hat sie mir gezeigt, dass das Kochen auf kleiner Flamme der Welt nicht dient. Reni hat mich meinem heutigen Strahlen ein ganzes Stückchen nähergebracht. Seitdem habe ich meine imaginäre Krone auf und wenn sie mal verrutscht, richte ich sie ganz schnell wieder. Für mich gibt es übrigens im Leben keine Zufälle. Alles, was mir jemals passiert ist, hat einen Sinn, auch wenn ich diesen manchmal erst viele Jahre später herausfinden darf.

Der Liebe wegen kündigte ich 2012 schweren Herzens meinen Job und zog ins beschauliche Münsterland. So traf ich vor über 9 Jahren Sandra aus Münster bei einer mehrtägigen Fortbildung. Beim ersten Mittagessen – wir kannten uns gerade einen halben Tag – sagte sie zu mir: „Carola, du überlegst doch gerade, was du beruflich machen möchtest. Ich finde, du bist die geborene Image- und Outfitberaterin."

Sprachlos und neugierig nickte ich erst langsam, dann immer nachdrücklicher, während Sandra mir von ihrer Ausbildung bei Astrid Rudolph erzählte. Diese bekannte Stylistin mit ihrer tollen Vorher-Nachher-Show aus dem ZDF war mir natürlich ein Begriff. Ich war sogar ein riesiger Fan. Wie der Zufall es wollte, brachte Sandra mir am nächsten Tag wie selbstverständlich den Anmeldebogen für die Kurse in der *Fashion Style Academy* mit.

Dann ging alles ratze-fitze und ehe ich mich versah, saß ich in dem Seminar zur Farb- und Stilberaterin. Danach folgten die Module zur Image- und Outfitberatung sowie Visagistin. Nach den ersten Tagen in Bonn fragte Astrid Natalie aus der Schweiz und mich, ob wir Lust hätten, in ihr Stylistinnen-Team zu kommen, da sie so viele Kundenanfrage hatte. Da war es um mich geschehen; ich fühlte mich wie auf Wolke Sieben und fuhr nach dem Tag ganz beseelt die Autobahnauffahrt in Richtung Steinfurt hoch. In diesem Moment sagte mir meine innere Stimme: „Carola, das ist genau das Richtige für dich." Ich fühlte mich leicht und einfach nur unendlich dankbar. Denn ich wusste: Das ist mein Weg, meine Berufung, und ich habe bislang keinen einzigen Tag davon bereut. Es ist für mich zur Mission geworden, gerade Frauen dabei zu begleiten, ihren Weg in die Sichtbarkeit zu gehen und sich nicht mehr zurückzunehmen.

Zu meinen Auftraggebern zählen mittlerweile das ZDF, SAT.1, BRIGITTE, die *Queen Mary 2*, verschiedene Bundestagsabgeordnete, die sechsfache SPIEGEL-Bestsellerautorin Nicole Staudinger, die Volksbank Münsterland und Provinzial-Versicherung. Zudem habe ich zwei Kolumnen „Chic mit Carola" und „Gut gestylt" in der Sächsischen Zeitung und bin seit über drei Jahren als feste Personal Shopperin im Ruhr Park in Bochum gebucht.

Wenn du es träumen kannst, kannst du es erreichen

Seit Beginn der Selbstständigkeit habe ich auch das Netzwerken für mich entdeckt. Es ist für mich als Unternehmerin ein sehr wichtiges Instrument für meinen beruflichen Erfolg geworden. Ich kann es jeder Frau empfehlen, egal ob angestellt oder nicht. Warum? Weil mit einem intakten Netzwerk alles möglich ist und mich bislang sehr weit gebracht hat.

Darf ich dir eine Geschichte erzählen?
Vor ca. 7 Jahren wurde ich, damals noch schüchtern und mit langen blonden Haaren, Mitglied in einem Unternehmernetzwerk. Dort hatte jeder einmal im Jahr die Chance, sich und sein Business ausführlicher vorzustellen. In dem Fragebogen, den jeder Sprecher vorab ausfüllte, stand die Frage: „Was ist dein größter Wunsch?"

Meine Antwort war: „Ich möchte eine Karte für die Fashion Show von Guido Maria Kretschmer in Berlin." Das meinte ich aus voller Überzeugung, doch zu Beginn wurde ich nicht wirklich ernst genommen. Im Raum saßen nämlich fast nur Männer – Alphatiere, die entweder dachten: *Wer zum Teufel ist Guido?*, oder: *Das schafft die Kleine sowieso nicht.*

Dieser Wunsch blieb bei mir über Jahre bestehen und ich wurde nicht müde, ihn immer wieder vor dieser Gruppe Unternehmer und einer Handvoll Unternehmerinnen zu äußern. Drei Jahre, nachdem ich ihn zum ersten Mal öffentlich gemacht hatte, bekam ich von einem hiesigen Reiseveranstalter und nebenbei sehr aktivem Mitglied dieses Netzwerkes einen Anruf. Am Hörer war der Geschäftsführer Berthold Allendorf, der mich fragte:

„Carola, hast du Lust, Ende September als Gastreferentin auf das Kreuzfahrtschiff ‚Queen Mary 2' zu gehen und dort Styling-Workshops für unsere Gäste zu geben? Übrigens führt die Route von Hamburg nach New York und wenn wir ankommen ist dort die Fashion Week. Ach ja, Guido Maria Kretschmer wird wahrscheinlich auch an Bord sein, da die ganze Reise unter dem Motto ‚Fashion' steht."

Was habe ich geantwortet?
„Moment, Berthold, ich gucke mal kurz in meinen Kalender, ob ich Zeit habe ..." – nein, natürlich hatte ich Zeit für dieses einmalige Angebot.

Es wurde nicht nur durch diesen Auftrag eine der unvergesslichsten Reisen meines bisherigen Lebens. Nein, diese 10 Tage haben weitaus mehr als einen Traumauftrag in sich gehabt. Denn ich kam Guido während dieser Zeit viel näher, als bei einem Fashion-Week-Besuch in Berlin. Mein damaliger Freund Peter durfte auch mitfahren und hat mich tatkräftig unterstützt. Ich werde nie vergessen, wie wir mit 8 Koffern, ja ACHT, am Hauptbahnhof in Münster standen und 2 Minuten vor Zugeinfahrt eine Gleisänderung durchgesagt wurde. Er hat, wenn auch sehr genervt, die riesige Kleidersammlung und natürlich auch das Workshopmaterial von A nach B getragen.

Warum er zu Beginn der Reise so aufgeregt und unruhig war, durfte ich am vorletzten Abend auf dem Schiff erfahren. Guido und ich hatten die Gelegenheit, uns von Tag 1 der Reise an immer mal wieder kurz zu sehen. Ich war hin und weg von ihm. Was ich allerdings nicht wusste, war, dass Peter ihm einen handgeschriebenen Brief auf seine Suite hatte bringen lassen. Ein Glück, dass die englische Reederei diesen Umschlag ohne Zögern überbracht hat. Bis heute weiß ich nicht, was in diesem Schreiben stand. Es hat Guido allerdings so berührt, dass er daraufhin zusagte, bei Peters geheimem Heiratsantrag in der Champagnerbar dabei zu sein. Mein Verlobungsring lag mehrere Tage gut verwahrt in Guidos Safe, ohne dass ich etwas ahnte.

Natürlich hatte ich auch keine Ahnung von den ganzen Absprachen, die Guido, sein damaliger Lebensgefährte und jetziger Mann Frank und Peter getroffen hatten. An dem schicksalsträchtigen Tag wollte ich in einem sensationellen Vintagekleid, das ich mir geliehen hatte, mit Peter und einer Handvoll liebgewonnener Mitreisenden einen weiteren schönen Abend angehen. Wir saßen gerade auf einem plüschigen Sofa und nippten an unseren Fruchtcocktails, als Peter auf einmal aufsprang und mich bat, mitzukommen. Ich verstand die Aufregung nicht und war eigentlich froh, endlich in der sehr engen Korsage zu stecken, doch als wir um die Ecke bogen, saßen dort Guido und Frank auf dem Sofa.

Peter forderte mich auf, neben ihm Platz zu nehmen. Er fragte den Modedesigner, ob er auch Hochzeitskleider machen würde. Ich war wie gelähmt ... Die Zeit schien stillzustehen und ich hörte auf zu atmen. An das enge Kleid hatte ich mich schlagartig gewöhnt. Guido erwiderte: „Ja, natürlich, aber dafür brauchst du doch das hier!“ Bei diesen Worten zog er eine kleine schwarze Samtschachtel aus seinem edlen Smoking.

In diesem Moment, der mir vorkam wie ein ganzes Leben, ging Peter auf die Knie und fragte mich, ob ich ihn heiraten möchte. Parallel knallten die Champagnerkorken und zwei Violinistinnen begannen zu spielen. Ich sagte Ja und so erfüllte sich mein Traum in doppelter Hinsicht.

Guido fragte mich übrigens, ob ich in der Mode arbeite. Das war ja wie ein kleiner Ritterschlag für mich. Der Rest ist Geschichte ... Zu seinen Fashion Shows werde ich jedenfalls seit diesem Tag regelmäßig eingeladen und ja, er ist so sympathisch und offen wie im Fernsehen.

Seit diesem wundervollen Erlebnis kann ich nur jeder Frau raten, sich ihre Wünsche zu notieren und diese auch zu äußern, denn alles ist möglich. Es wird immer jemanden geben, der an dir zweifelt, doch ein starker Wille wird belohnt.

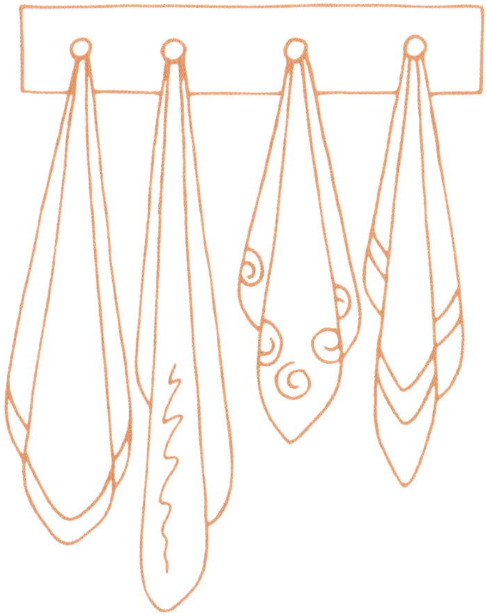

2. Du bist schöner, als du denkst

91 % der deutschen Frauen fühlen sich unwohl in ihrem Körper, laut einer Studie, die für den Dokumentarfilm „Embrace – Du bist schön" durchgeführt wurde.

Doch ist das wirklich die Wahrheit? Ich kenne natürlich nicht alle Frauen in Deutschland. Doch mittlerweile blicke ich auf fast ein Jahrzehnt Beratung zurück. Ein paar Geschichten möchte ich mir dir teilen:

Eva kam zu mir ins Studio, nachdem sie gerade frisch ihr Studium abgeschlossen und eine tolle Position an der Uni angenommen hatte. Wir standen zusammen vor dem Spiegel und als ich sie fragte, was sie schön an sich fände, schien die Zeit stillzustehen.

Sie guckte mich fragend an und dann rollten dicke Tränen über ihre Wangen. Ihre Antwort war: „Ich finde mein Gesicht schön, aber mehr nicht."

Vom Kopf abwärts war in diesem Moment für Eva nichts an ihrem Körper schön oder annehmbar. So standen wir eine Weile dort. Sie ließ das Gefühl zu. Danach machten wir uns Schritt für Schritt an die Arbeit und fanden zusammen heraus, was sie sich wünschte.

Nach der Beratung verließ sie mein Studio mit einem Werkzeugkoffer voller Ideen für Farben, Schnitte und Outfitempfehlungen zum Nachshoppen und Co. für ihr neues Ich. Ein paar Wochen später erreichte mich eine E-Mail von Eva. Sie schrieb mir, dass sie zum ersten Mal in ihrem Leben Komplimente für ihr Aussehen bekommen hätte. Nun fühle sie sich wieder wohl in ihrem Körper und hätte angefangen, Sport zu treiben ...

Ungetüm mit fünf Buchstaben? W-a-a-g-e

Das Thema Gewicht ist allgegenwärtig. Kaum eine Kundin, die ich in den letzten Jahren beraten habe, sagte mir beim gemeinsamen Blick in den Spiegel: „Bei mir ist alles super und ich bin zufrieden mit meinem Gewicht." Ich würde eher sagen, 9 von 10 Frauen hatten den Wunsch, abzunehmen. Neulich lief mir der Begriff „Hoffnungshosen" über den Weg. Der ist sehr passend. „Ich hoffe, dass ich mal wieder in diese Hose passe."

Mir geht es darum, dass du Frieden mit der Waage und deiner jetzigen Konfektionsgröße schließt. Ich habe da schon viel erlebt. Bei einem Umstyling für eine Fernsehsendung schrieb mir eine Kandidatin in den Fragebogen, sie hätte Größe 40/42. Entsprechend hatte ich dann Kleidung bestellt. Am Vorabend der Anprobe flüsterte sie mir nebenbei zu: „Ach, übrigens, mittlerweile habe ich eher eine 42/44, aber das hast du ja bestimmt auf dem Foto gesehen, das ich geschickt hatte ..."

Nein, hatte ich nicht, denn es war ein Schnappschuss in einem dunklen Kleid, und die Dame saß auf einem Stuhl hinter einem Tisch. Nach dieser Begegnung ist mir noch mal mehr deutlich geworden, wie viele Frauen mit ihrem Gewicht hadern. Besagte Kandidatin hatte übrigens eine tolle weibliche Figur, wunderschöne Haare und Haut, und sah einfach toll aus, egal, welche Größe in ihrer Kleidung stand.

Einige Wochen später traf ich mich auf einen Ostfriesentee mit Katja, einer ehemaligen Kollegin. Als wir uns zum ersten Mal begegneten, war es Liebe auf den ersten Blick, da wir beide aus Friesland sind. Da passte kein Blatt dazwischen und wir haben ganz wunderbare Assistentinnen-Kongresse zusammen gestaltet. Wir sehen uns seit unseren beiden Umzügen leider nur noch ca. einmal im Jahr. Die Gespräche sind aber immer toll und tiefgründig.

Was jedes Mal kurz zur Sprache kommt, ist ihre Unzufriedenheit mit ihrem Gewicht. Ich finde das sehr schade, da der Raum immer heller wird, wenn sie ihn betritt und eine Zahl auf der Waage dies nie verändern wird. Wenn ich mir vorstelle, wie sich diese Wirkung noch verstärken würde, wenn sie die Nichtfarbe schwarz weitestgehend aus ihrem Leben verbannen und einfach ihre Weiblichkeit unterstreichen würde ...

Auch diesmal ging es wieder um ihre Konfektionsgröße. Sie beklagte sich darüber, dass das Gewicht, was sie aktuell habe, ihr bisheriges Höchstgewicht sei, und sie das nicht wäre. Ich hörte ihr geduldig und aufmerksam zu. Dann fragte ich sie:

„Ist das wirklich wahr? Ist das wirklich wahr, das du das nicht bist?
Wie geht es dir, wenn du morgens in den Spiegel schaust und zu dir selbst sagst: ‚Ich bin zu dick, ich wiege zu viel, ich bin nicht gut so wie ich bin?'"

Es kam ein schmallippiges „schlecht“ über ihre Lippen.
Und da, genau bei dieser Aussage, liegt für mich der Hase im Pfeffer!

Ihr geht es **schlecht**! Jedes Mal, wenn sie an ihren Schrank geht und mit Sicherheit auch jedes Mal, wenn sie einkaufen geht und sich die Konfektionsgröße ein bisschen nach oben verändert hat.

STOPP!

Wenn heute dein letzter Tag wäre, den du auf dieser Welt verbringen darfst, würdest du dich dann über dein Gewicht ärgern? Wäre es in dieser Situation von großer oder eher kleiner Bedeutung?

Berührt dich dieses Thema emotional? Dann kann dir sehr empfehlen, den Dokumentarfilm „Embrace“ von Taryn Brumfitt anzuschauen. Halte dafür lieber ein paar Taschentücher bereit. Dieser Film hat mich persönlich wachgerüttelt und mir gezeigt, dass ich eine Mission habe – und zwar Frauen zu zeigen, wie schön sie sind (innerlich und äußerlich).

Am besten schaust du dir den Film mit einer oder mehreren Freundinnen an. Anschließend könnt ihr die folgende Übung machen:

Die Komplimente-Runde „Du bist schöner, als du denkst“

Ich liebe diese Übung, denn sie macht sehr viel Spaß und wird euch berühren. Natürlich könnt ihr sie auch machen, wenn ihr den Film nicht gesehen habt.

1. Tut euch zu zweit zusammen und dreht euch sitzend zueinander.

2. Nun fängt eine von euch an und macht der anderen ein von Herzen kommendes Kompliment zu ihrem Aussehen.

3. Danach macht die andere ihrer Freundin ein von Herzen kommendes Kompliment zu ihrem Aussehen.

Beispiele:

„Du hast so tolle strahlende Augen."

„Dein Kleid steht dir richtig gut."

„Dein Lachen ist einfach ansteckend."

„Du hast wunderschöne Haare."

„Deine Pumps finde ich klasse."

Liebe Leserin, ich weiß natürlich, wie manche Frauen reagieren, wenn sie ein Kompliment bekommen. Hier ein Beispiel, wie diese Runden oft ablaufen.

Die erste Frau sagt: „Tina, ich finde dein hellblaues Oberteil einfach super!"

Die zweite Frau (Tina) antwortet: „Ach, Susanne. Diese Bluse habe ich schon lange im Schrank und sie war damals im Schlussverkauf."

Nun frage ich dich: Wie fühlt sich wohl Susanne bei dieser Antwort?
Richtig, sie fühlt sich komisch und nicht ernst genommen.

Was macht Tina unbewusst?
Genau. Sie macht sich klein und wertet sich ab.

Wie könnte die Lösung aussehen, damit sich alle Beteiligten gut fühlen?
Susanne sagt: „Tina, ich finde dein hellblaues Oberteil einfach super!"
Tina erwidert mit einem Lächeln: „Danke." (Der Punkt ist hier besonders wichtig.)
Tina lässt es einfach stehen und genießt den schönen Moment.
Susanne fühlt sich übrigens auch gut, denn sie merkt, dass Tina sich freut und das Kompliment annimmt.

Ihr dürft euch bei dieser Übung natürlich auch mehr als ein Kompliment machen und dies in der nächsten Zeit im Büro, in der Straßenbahn oder auf der nächsten Familienfeier testen. Übung macht den Meister und ein Kompliment macht das Leben des anderen Menschen auf jeden Fall bunter.

Eine schöne Frau kann nichts entstellen

Eine wahre Künstlerin im doppelten Sinne war Frida Kahlo. Ein Roman über die spannende Lebensgeschichte dieser Mexikanerin hat mich sehr inspiriert. Durch Kinderlähmung und einen schweren Unfall war ihr Körper stark gezeichnet und bereitete ihr ihr ganzes Leben lang große Schmerzen. Sie hinkte und irgendwann wurden ihr die Fußzehen amputiert.

Frida war jedoch eine Meisterin darin, die Macht der Mode für sich einzusetzen. Sie trug jeden Tag lange Röcke mit vielen Lagen und liebte auffällige Farben. Sie änderte sich die Kleidung so um, dass sie zu ihrem Körper passte. Jeder Raum, den sie betrat, wurde durch ihre Erscheinung heller und bunter. Sie wurde bestaunt, bewundert und auch komisch beäugt.

Sie lenkte den Fokus immer auf ihr einzigartiges Gesicht, indem sie aufwendige Steckfrisuren mit echten Blüten trug. Dazu wählte sie auffällige Halsketten. Sie malte nicht nur Kunstwerke. Sie war selbst ein Kunstwerk. Ihre Lebensgeschichte und ihr Lebensmut haben mich sehr beeindruckt.

Zum Schluss möchte ich noch ein Fotoprojekt mit dir teilen, das ich vor einigen Jahren mit der lieben Anastasia Esau gemacht habe.

Bei diesem besonderen Shooting hat sie diese zwei Bilder von mir gemacht. Das erste Bild (links) zeigt mich völlig natürlich, ungeschminkt, nur gut ausgeleuchtet.

Das zweite Bild (rechts) zeigt mich nach einem einstündigen Make-up und unzähligen Veränderungen durch das Programm „Photoshop".

Was wurde alles verändert? Ich habe keine einzige Falte mehr, meine Lippen wurden vergrößert ... (Ein Trend, der mich derzeit schockiert, da sich bereits achtzehnjährige Frauen die Lippen aufspritzen lassen.) Meine Augenfarbe wurde intensiviert, meine Nase wurde geschmälert ...

Warum zeige ich dir diese Fotos? Weil du vielleicht schon einmal eine Zeitschrift aufgeschlagen und dich gefragt hast, warum Jane Fonda mit über 80 Jahren weniger Falten hat als du. Leider werden in vielen Magazinen immer noch Bilder stark nachbearbeitet. Also, wenn du das nächste Mal die Zeitschrift beim Friseur oder Arzt aufschlägst, lächle und sage dir: „Das ist nicht die Wahrheit ...!"

3. Erste Hilfe für das Kleiderschrank-Desaster

In meinem Schrank hängt Kleidung für 7 Frauen, 5 Größen und 6 Jahreszeiten. Nur für mich ist nichts dabei!

Wie sieht es bei dir im Kleiderschrank aus? Wenn du herausfinden möchtest, warum sich das „Shoppen im eigenen Schrank“ für dich lohnen wird, beantworte einfach die nachfolgenden Fragen so ehrlich wie möglich.

1. Auf einer Skala von 1 bis 10, wie wohl fühlst du dich aktuell, wenn du in deinen Kleiderschrank schaust?

Miserabel ○ ○ ○ ○ ○ ○ ○ ○ ○ ○ sehe nur Lieblingsteile

2. Wie viel Prozent aus deinem Schrank ziehst du regelmäßig an?

○ 0-20 % ○ 21-40 % ○ 41-60 % ○ 61-80 % ○ 81-100 %

3. Wie viele Fehlkäufe hast du?

○ 0-5 Stücke ○ 6-10 Stücke ○ 11-16 Stücke ○ ich habe aufgehört zu zählen

4. Wie viel Prozent aus deinem Schrank passen nicht mehr zu deiner Figur?

○ 0-20 % ○ 21-40 % ○ 41-60 % ○ 61-80 % ○ 81-100 %

5. Wie sichtbar bist du, wenn du in der Stadt unterwegs bist?

○ kleide mich unscheinbar ○ Hauptsache bequem

○ fühle mich wohl & gut angezogen ○ falle schon auf hundert Metern Entfernung auf

○ ______________________________

6. Für wen ziehst du dich in erster Linie an?

Eher um anderen zu gefallen ○ ○ ○ ○ ○ ○ ○ ○ ○ ○ für mich

7. Was wünschst du dir in puncto Kleidung und Sichtbarkeit?

____

8. Welche Farbe ist am häufigsten bei dir vertreten?

____

9. Ist das deine Lieblingsfarbe?

○ Ja ○ Nein ○ Geht so

10. Welche Farbe(n) möchtest du wieder in dein Leben und deine Outfits lassen?

____

11. Wie viel Bequemlichkeit hat sich in deine Looks eingeschlichen?

keine ○ ○ ○ ○ ○ ○ ○ ○ ○ ○ nichts geht über bequem

12. Was wünschst du dir für deinen Kleiderschrank?

---

13. Wie möchtest du dich fühlen, wenn du den Schrank öffnest?

Jetzt hast du dir schon einmal einen ersten Eindruck über die Ist-Situation von deinem Kleiderschrank und deinen Outfits gemacht. Ich gehe mal davon aus, dass du irgendetwas outfittechnisch verändern möchtest. Ab Kapitel 4 kannst du richtig in dein Kleiderschrank-Projekt einsteigen.

Wenn es dich jetzt schon in den Fingern kribbelt und du tiefer in das Thema „Wonach sehne ich mich in meinem Kleiderschrank?“ einsteigen möchtest, habe ich dir eine **Übung** mitgebracht:

Erstelle dein eigenes Moodboard, also eine Collage aus Bildern. In kreativen Berufen wird dies sehr oft verwendet, um Ideen zu entwickeln und sich einem Projekt zu nähern. Du kannst dein Moodboard on- oder offline erstellen.

Wenn du Modemagazine oder Kataloge zuhause hast, blättere diese einfach durch und schneide dir die Kleidungsstücke, Accessoires, Frisuren und Co. heraus, die dich ansprechen. Bitte tu dies ganz intuitiv, ohne direkt zu bewerten. Setze dir kein Limit, sondern sei offen und lass dich selbst davon überraschen, was dich anspricht. Vielleicht sind es Farben, die du noch nie oder selten getragen hast. Eventuell stechen dir Kleider ins Auge, obwohl du derzeit nur Hosen trägst. Klebe dann am Schluss alle Bilder auf ein großes Blatt Papier und lasse dieses Moodboard auf dich wirken.

Alternativ kannst du dir ein digitales Moodboard erstellen; auf Pinterest ist dies spielend leicht möglich. Du kannst im Suchfeld Begriffe eingeben und Bilder auf einer privaten Pinnwand „pinnen“. Ich beschreibe dies näher an Tag 21 der Kleiderschrank-Challenge.

Notiere dir anschließend hier deine größte Erkenntnis aus dieser Übung:

Du bist auf jeden Fall nicht allein, wenn du nicht jeden Tag deinen Spiegel umarmst und voller Inbrunst schreist: „Mein Outfit bekommt 10 von 10 Punkten!"

Bei meinen Vorträgen frage ich regelmäßig, wie viel Prozent ihres Kleiderschranks von den Zuhörerinnen regelmäßig angezogen wird. Im Durchschnitt ist die Antwort ca. 10-30 %. Im Folgenden habe ich dir ein „Best of" der Fragen mitgebracht, die mich tagtäglich von Frauen erreichen.

Outfit-Notfälle - die häufigsten Fragen meiner Kundinnen

1. Ich will raus aus der Bequemlichkeitsfalle „Pulli, Jeans und Sneaker".

Vielleicht hast du dich viele Jahre um alle anderen gekümmert und deine Modelust ist dabei auf der Strecke geblieben? Oft haben sich dann sehr viele Basics eingeschlichen.

Jetzt verrate ich dir das Wichtigste für deine Wirkung:

Alles, was wir tragen, hat ein Image und eine Aussage. Dafür gucken wir uns immer den gesamten Look (inkl. Frisur, Brille, Schuhen, Schmuck und Co.) an.

Du hast die Wahl:
Wie möchtest du wirken?

Sind Pullover, Jeans und Turnschuhe vom Ursprung her eher weiblich oder männlich? Genau. Sie sind eher männlich, auch wenn wir Frauen diese Kleidungsstücke für uns adaptiert haben. Coco Chanel fing damit an, Männerkleidung so umzuschneidern, dass auch Frauen diese tragen konnten.

Wenn du dich hier jetzt wiederfindest, ist es ganz wichtig zu sagen: Nicht nur das Outfit zählt. Wichtig sind natürlich auch deine Frisur und dein (eventuell vorhandenes) Make-up. Darauf komme ich später noch zu sprechen.

Wünschst du dir ein bisschen mehr Weiblichkeit in deiner Ausstrahlung? Hier verrate ich dir 4 Schlüssel zu mehr Weiblichkeit, wenn du einen lässigen Look trägst:

1. Schuhwechsel von Sneaker auf einen Absatzschuh (z. B. Pumps oder Stiefeletten)

2. Ohrringe und/oder eine Kette (Tücher bitte nur, wenn es kalt ist)

3. Leichtes Tages-Make-up inkl. Lippenstift

4. Dezenter oder auch roter Nagellack

Das Kleidungsstück, das am leichtesten zu kombinieren ist, und 100 % Weiblichkeit ruft, ist ein Kleid. Überleg mal kurz: Wie viele Kleider und Röcke hast du im Schrank? Wann hattest du sie das letzte Mal im Alltag an?

Wie du herausfindest, ob sie noch zu dir und deinem Leben passen? Mehr dazu gibt es im nächsten Kapitel.

2. Wie kaschiere ich meinen Bauch?

„Ich habe keinen dicken Bauch, meine Beine sind nur zu weit hinten."

Nein, es ist keine Diät notwendig, mit der richtigen Stylingtechnik wirkt der Bauch im Handumdrehen schlanker.

1. Option: **Die stärkste Stelle am Körper sollte die dunkelste sein.** Das heißt, ein dunkler, matter Farbton wie z. B. schwarz*, blau, braun, bordeaux und Co. Alternativ kann dein Oberteil oder Kleid ein großes Muster haben, da ein Muster auch eine Form auflösen kann.

** Achtung, darauf komme ich später noch einmal zu sprechen! Schwarz ist nicht das Allheilmittel und sollte nur sehr bewusst und sehr dosiert eingesetzt werden.*

2. Option: **Dein Oberteil sollte fließend, aber nicht zerfließend sein.**
Zwischen T-Shirt und Bluse liegt die Schluse. Die Schluse ist ein Oberteil, das keinen Kragen hat und aus einem fließenden Material ist – meistens ein Mischgewebe aus Baumwolle (Viskose) und Elasthan.

Ideal ist eine Kombination aus Option 1 und 2, wobei du natürlich auch ein helles Oberteil anziehen kannst. Wichtig ist nur, dass es nicht wie eine Leberwurstpelle an deinem Bauch klebt, sondern leicht und fließend darüber fällt. Also bitte kein Walla-Walla-Look.

3. Option: **Lege dir einen Bodyformer zu, der die Körpermitte formt.** Ich kann dir hier den Onlineshop von SHAPE ME empfehlen. Du kannst dort auch eine telefonische Beratung bekommen. Sie haben alle gängigen Marken und lassen erst locker, wenn du die richtige Form für dich gefunden hast. Wenn die Hose sich rollt, ist es die falsche Marke oder Größe.

4. Option: **Die perfekte Hose**, die nicht auf der Hüfte sitzt, sondern höher geschnitten ist. Auf diese Weise werden überschüssige Pfunde weitgehend unsichtbar gemacht. Meine Lieblingsmarken sind: Closed-Jeans, Cambio, Raffaello Rossi und NYDJ.

Alles in der Mitte

Neulich begegnete mir ein Figurentyp mit einer besonderen Herausforderung: Der Bauch ist in seiner Fülle sehr präsent, die Oberweite meistens auch. Der Rest, also Kopf, Arme und Beine, sind in der Regel schmal.

Trifft dies bei dir zu? Dann ist der größte Fehler, den du machen kannst, ein weißes weites Oberteil und dazu eine enge, dunkle Hose zu tragen. Warum? Weil du dann den Bauch bzw. Oberkörper, der ja schon mehr Raum einnimmt, in Szene setzt und die Beine, die bereits sehr schlank sind, noch schmaler machst.

Deshalb sind ein Shirt, eine Bluse oder ein Pulli in einem dunklen Farbton und eine helle Hose eine der vielen schönen Kombinationen für dich. Oder du schnappst dir ein großgemustertes Oberteil und trägst dazu eine helle Hose. Eine dritte Möglichkeit ist eine Ton-in-Ton-Kombination, die optisch streckt. Bei den Hosenformen solltest du gerade Schnitte auswählen. Skinnyjeans sind nicht die beste Variante für dich.

Denke bei längeren Ketten bitte daran, dass sie nicht direkt am „Tatort“ enden, also z. B. ein Schlüssel oder Glitzerkugeln, die mitten auf dem Bauch hängen. Wenn du Kleider trägst, die etwas enger am Bauch sind, kann ich dir sehr empfehlen, Schnitte mit Raffungen in der Körpermitte zu wählen. Die Raffungen lenken vom Bauch ab und kaschieren kleine Pölsterchen.

3. Wie kann ich optisch größer wirken?

Also, zuerst einmal bist du nicht klein. Ich darf das sagen, da ich 1,60 m bin. Im Laufe der Jahre habe ich – nicht zuletzt von der Schlagfertigkeitsqueen Nicole Staudinger – gelernt, dass es auf jeden blöden Spruch eine charmante und schlagfertige Antwort gibt. Wenn du also jemanden zu dir sagen hörst: „Du bist aber klein", konterst du einfach mit: „Ich bin nicht klein, sondern auf das Beste komprimiert." Zack ist der Drops gelutscht.

Spaß beiseite. Natürlich gibt es hier auch eine Styling-Regel. Sie lautet:

Je kleiner der Mensch oder ein Körperteil, desto weniger sollte unterbrochen werden.

Das heißt, dass für uns „Petite-Frauen" (und für alle, die im Vergleich zu den Beinen einen kürzeren Oberkörper haben) folgende Dinge vorteilhaft sind:

a) **Kleider, die eine Handbreit über dem Knie enden**. Ich persönlich liebe Kleider. Sie schmeicheln, in der richtigen Schnittführung, jeder Figur. Sie sind ja aus einem Guss und haben somit wenig bis keine optische Unterbrechung.

b) **Hosen, die bis zur Taille reichen**, da sie unsere Beine optisch strecken. Beine können ja nie lang genug sein, deswegen darf diesen Tipp jede Frau testen. Am besten sind die Hosen in einem Uni-Ton und haben keine aufgenähten Taschen, Hosenaufschläge, Waschungen, Nieten, Strass oder Patches (früher sagten wir dazu „Flicken").

Bei den **Schuh**modellen kannst du auch darauf achten, dass sie schlicht daherkommen. Pumps in nude (hautfarben) zeigen wenig Unterbrechung zum Fuß und strecken ihn somit optisch. Natürlich kannst du dir auch unifarbene blaue Stiefeletten holen, die du dann zu einer blauen Jeans trägst. Vielleicht bist du auch klein, hast jedoch größere Füße, dann wende die nächste Styling-Regel im Umkehrschluss an.

Petite-Größen bieten an:

Kleidung:
Boden direct, Asos, Topshop, Petite Studio NYC (USA), Bomb Petite (UK)

Schuhgeschäfte: Cinderella Shoes, Horsch Schuhe

4. Wie kann ich mich optisch kleiner zaubern?

Vor ein paar Monaten kam eine Teilnehmerin meines Vortrags „Du bist schöner, als du denkst“ zu mir und strahlte mich an. Anhand einer einfachen und sehr effektiven Styling-Regel, die ich vorgestellt hatte, war ihr bewusst geworden, wie sie ihre Körpergröße von über 1,80 m am besten in Szene setzen konnte. Sie litt darunter, dass ihr langer Oberkörper bei manchen Outfitkombis noch länger wirkte und wünschte sich dafür eine Lösung. Tatsächlich ist es kinderleicht. Beachte einfach folgende Regel:

Je größer der Mensch oder ein Körperteil, desto mehr darf unterbrochen werden.

Diese optischen Unterbrechungen erreicht man z. B. durch:

1. Jegliche Form von Taschen (Brusttaschen, Gesäßtaschen, Hosentaschen)

2. Knöpfe (Blusen mit Knöpfen)

3. Prints/Muster (auch Waschungen bei Jeans oder der „destroyed Look“)

4. Jede Form von Applikationen (Patches, Aufnäher, Pailletten, Perlen)

5. Schnittführung (asymmetrische Schnitte, Hosenaufschlag)

6. Lagenlook im Allgemeinen (Bluse, die unter dem Blazer hervorschaut, Schuhe und Hose in unterschiedlichen Farbtönen)

7. Schuhe mit Applikationen, mehreren Farben, Knöpfen, Schleifen und Co.

Marken, die ich großen Frauen empfehlen kann:

Kleidung: Long Tall Sally, Boden direct (hat Tall-Größen bei ausgewählten Stücken), Weingarten

Schuhgeschäfte: Horsch Schuhe, Kipp Schuhe

5. Wie kann ich im Allgemeinen schlanker aussehen?

Es gibt verschiede Styling-Möglichkeiten, wie du dich in Sekunden schlanker zaubern kannst. An dieser Stelle möchte ich jedoch vorneweg sagen, dass mich diese Frage leider sehr oft erreicht. Ich finde, jede Frau ist schön, unabhängig von der Zahl auf der Waage. Wenn du dich selbst noch nicht so siehst, möchte ich dir Mut machen, das zu lernen oder dir zu erarbeiten. (Solltest du dich angesprochen fühlen und das Kapitel „Du bist schöner, als du denkst" übersprungen haben, könnte das ein Anfang für dich sein.)

Hier nun meine Tipps für eine optisch schlankere Figur:

a) Von Kopf bis Fuß in einen Farbton, also „Ton in Ton" gekleidet, sehen wir nicht nur größer aus, sondern auch schlanker. Ich persönlich finde diese Variante sehr edel. Wenn es dir zu langweilig ist, kannst du mit Accessoires wie Schmuck oder einer farbigen Tasche einen Hingucker einbauen.

Den Satz „Schwarz macht schlank" haben wir alle sicher schon gehört. Das ist auch grundsätzlich richtig. Nur finde ich es schade, wenn Frauen diese Nicht-Farbe sehr oft tragen, da sie sich zu dick fühlen. Das ist überhaupt nicht nötig! Es ist ja immer eine bewusste Entscheidung, wie ich wirken möchte, und mit dieser Wahl kann ich von meinem Gegenüber schnell als distanziert eingestuft werden. Mir persönlich fehlt auch die Lebensfreude, wenn ich tagsüber komplett in Schwarz rumlaufe. Bei gewissen Anlässen am Abend ist das allerdings etwas anders.

Wenn du eine Schwarzliebhaberin bist, weil du deine Figur kaschieren möchtest, frag dich mal, was das Schwarz noch mit dir macht. Vielleicht ist es auch eine Art Uniform geworden, hinter der du dich versteckst? Ich empfehle dir, einfach mal etwas anderes auszuprobieren und das Kapitel 6 „Sichtbarkeit & Farben" aufmerksam zu lesen.

b) Sorge für so wenig Unterbrechungen wie möglich. Ein gut sitzendes Kleid – statt einem Rock oder einer Hose – kann dir einen großen Dienst erweisen, da es dich im Ganzen streckt.

c) Trage größere Accessoires, die zu den Proportionen passen – z. B. Statement-Ohrringe oder Ketten und / oder eine große Tasche. All diese Dinge lenken von anderen Körperstellen ab. (Weitere Tipps zu Accessoires findest du in Kapitel 5.)

6. Worauf sollte ich achten, wenn ich viel Oberweite habe?

Das Wichtigste ist hier erst einmal, dass du einen gutsitzenden BH hast. Falls das noch nicht der Fall ist, geh bitte auf jeden Fall in ein Dessous-Geschäft und suche dir im Idealfall eine Fachverkäuferin, die auch viel Oberweite hat. Sie weiß dann genau, was du brauchst. Wichtig ist z. B., dass die Träger breit genug sind, damit sie nicht zu sehr in die Haut einschneiden. Es gibt Minimizer-BHs, wenn du möchtest, dass deine Brust optisch ein wenig zurücktritt. Wenn erst einmal alles gut verpackt ist, können wir weiter machen.

Dieser Hinweis mit der passenden Wäsche gilt übrigens für alle Frauen! Immer mal wieder sehe ich Spitzen-BHs unter engen Jersey-Shirts. Bitte lege dir für solche Oberteile einen T-Shirt-BH zu, damit sich das Material nicht durchdrückt.

Kommen wir nun zu den Oberteilen. Ein V-Ausschnitt streckt deinen Oberkörper und das ist vorteilhaft bei einem großen Busen. Vermeide Applikationen, die direkt auf der Brust sitzen. Damit meine ich Taschen, Pailletten, Stickereien und Co. Auch eine Kette, die direkt auf der Brust baumelt, richtet den Fokus dorthin, wo du ihn wahrscheinlich nicht haben möchtest.

Zudem ist es von Vorteil, wenn die Ärmel deines Oberteils entweder 3/4 oder lang sind. Warum? Weil immer dort, wo ein Kleidungsstück endet, automatisch der Blick hinfällt. Kurzärmlige Shirts enden meistens genau auf Höhe der Oberweite. Der Effekt ist ähnlich wie bei der Kette – der Fokus rückt genau auf diese Stelle.

Um deinen Oberkörper weniger in den Vordergrund zu rücken, kannst du gezielt Oberteile wählen, die in gedeckten Farben sind (matte Stoffe, keine glänzenden). Oder du suchst dir eine Ton-in-Ton-Kombination aus, die dich insgesamt streckt.

Vielen Frauen mit einer großen Oberweite stehen Wickelkleider hervorragend. Dieser Schnitt hebt allerdings deine Weiblichkeit hervor, was ja auch toll ist. Es gibt viele Frauen, die sehr kleine Brüste haben und sich nichts mehr wünschen würden. Alternativ sind Kleider in A-Linie mit einem V-Ausschnitt auch einen Versuch wert.

Darf es ein bisschen mehr sein? Die wunderschönen Curvy-Frauen.

Gut, ich gebe zu, mitreden kann ich aus Erfahrung nicht, da ich zierlich gebaut bin. Jedoch vertrauen mir viele Kundinnen, die keine Größe 36, sondern eine 46 haben. Darüber bin ich besonders glücklich. Wohin gehen wir einkaufen? Ich kann auf jeden Fall empfehlen, in die großen Geschäfte zu gehen. Es gibt immer mehr Modehersteller, die tolle Kleidung für Frauen mit viel Oberweite produzieren. Bei SINN gibt es in sehr vielen Häusern sogar eine eigene Abteilung für kurvige Frauen. Es lohnt sich, ein wenig in deinem Umkreis zu googeln. Wir haben hier im Münsterland ein paar schöne inhabergeführte Geschäfte für Frauen mit größeren Größen (z. B. Sawall-Mode).

Empfehlenswerte Marken:

Samoon, Doris Streich, Zizzi, Frapp, Jette, Via Appia, Paprika, Marina Rinaldi
Onlineshops: navabi.de, sheego.de

7. Welche Muster stehen mir?

Bei Mustern scheiden sich die Modegeister.

Es gibt Frauen, für die ein Karoblazer schon eine sehr große Portion Mut erfordert. Dann wiederum gibt es die Frauen – zu denen zähle ich auch –, die es todlangweilig finden, „Basics“ zu kaufen. Mich springen die Teile in den Geschäften reihenweise an. Hier ein kleines, raffiniertes Detail am Ärmel oder da ein tolles Blumenmuster. Wie bei allen Dingen gilt hier: Gefällt es dir oder hast du Lust, es auszuprobieren? Dann mach es bitte auch.

Wenn du ein für dich auffällig gemustertes Kleidungsstück noch nie anhattest, dann kombiniere es mit schlichten Elementen und trage es an einem Tag und in einer Umgebung, die dir Sicherheit gibt. Das kann der Cafébesuch mit deiner Mutter sein oder der Gang zum Bäcker.

Grundsätzlich haben die Muster ja einen Ursprung und somit auch eine Aussage in Bezug auf die Wirkung. Hier zwei besondere „Evergreens im Musterland“ und wem sie stehen:

Flowerpower – Blumenmuster

Es gibt sie in tausenden Varianten. Wir können uns in der Wirkungsfrage ganz schnell anpirschen. Und zwar, indem wir fragen: „Handelt es sich hierbei um ein eher maskulines oder um ein feminines Muster?" Ja, es ist eindeutig den weiblichen Mustern zuzuordnen.

Somit wirkt ein Blumenmuster unterstützend, wenn du freundlich, lieb und sympathisch wirken möchtest – auch feminin fällt mir dazu ein. Blume ist jedoch nicht gleich Blume, deswegen wähle weise. Die Gefahr, altbacken zu wirken, ist bei diesem Muster groß. Ich liebe sie auf jeden Fall und kombiniere sie mit modernen Accessoires.

Out of the jungle – Leo, Schlange, Zebra und Co.

Das für mich gewagteste Muster ist der Leoprint. Es gibt Frauen, denen steht dieses Muster ausgezeichnet. Gerade bei Oberteilen ist jedoch der passende Hautton wichtig. Ich als Friesin mit einem kühlen Hautton trage keine Leoprints nah zum Gesicht, da sie mich blasser wirken lassen. Hast du dagegen eine schöne Bräune und vielleicht von Haus aus einen wärmeren Augenton (braun oder grün), dann wird dir dieses Muster auch stehen, wenn es dir gefällt.

Da es ja immer Alternativen gibt, habe ich z. B. einen Mantel in Leo-Muster – allerdings in den Tönen schwarz, blau und grau. Dann wird wieder ein Schuh daraus.

Auch die Schlange gibt es zuhauf in der Modewelt. Hier ist gut, was dir gefällt. Ich rate im Berufsleben allerdings von solchen Mustern ab. Sie gehören für mich in die Freizeit, besonders wenn du in einem eher konservativen Bereich unterwegs bist.

4. Dein Date mit dem Kleiderschrank

Shoppen im eigenen Kleiderschrank

Nun ist es soweit, es kann losgehen! Ich bin mir sicher, dass du jetzt richtig Lust darauf bekommen hast, zur Tat zu schreiten und zu erfahren, wie das „Shoppen im eigenen Schrank“ funktioniert.

Damit es für dich einfacher wird, nehme ich dich mit zu dem Kleiderschrank von Sabine. Sie ist Anfang 40, hat mit Mitte 30 zwei Jungs bekommen, seit zwei Jahren ist sie wieder in ihren Job als Personalreferentin zurückgekehrt. Doch sie merkt, dass ihr Kleiderschrank nicht mehr zu ihrem Leben passt. Auch nicht zu dem Wunsch, sich in ihren Outfits weiblicher zu fühlen. Sie geht eher auf Nummer sicher mit enger dunkler Jeans, Bluse und Blazer. Dazu Schuhe, deren Absätze immer flacher werden, da es einfach bequemer ist.

Ihr Schrank ist prall gefüllt, doch fast jeden Tag hat sie das Gefühl, es ist für sie nichts dabei. Es hängen noch viele Dinge im Schrank, die ihr vor den Schwangerschaften passten. Sabine fühlt sich in allen Rollen wohl. Sie ist Mama, Ehefrau, Freundin und Businessfrau, doch ihr Schrank spiegelt dies nicht mehr wider. Oft schaut sie wehmütig auf ihre alten Lieblingsshirts in Größe 38, die ihr schon seit einigen Jahren nicht mehr passen. Doch was, wenn sie die lange geplante Diät anfangen würde und sich nach der Arbeit endlich mal zum Joggen aufraffen könnte? Sie möchte sich endlich wieder gut fühlen, wenn sie in den Spiegel schaut. Aussortieren ist allerdings nicht ihr Ding. Doch so kann es nicht weitergehen. Deswegen machen wir uns jetzt gemeinsam an das Projekt „Kleiderschrank“.

Bist du bereit? So wie in Sabines Schrank warten auch bei dir Schätze, die neu entdeckt werden möchten, allerdings genauso Kleidungsstücke, die endlich mal wieder angezogen werden möchten – und zwar nicht von dir. Da dein Schrank ja immer gut auf deine Kleidung aufpasst und ihr ein Zuhause gibt, freut er sich auch, wenn du ihn wertschätzt und zu einem Date einlädst. Ich gehe übrigens lieber zu einem Date, als offiziell den Kleiderschrank zu entrümpeln ...

In 8 Schritten zu Deinen neuen Lieblingsoutfits

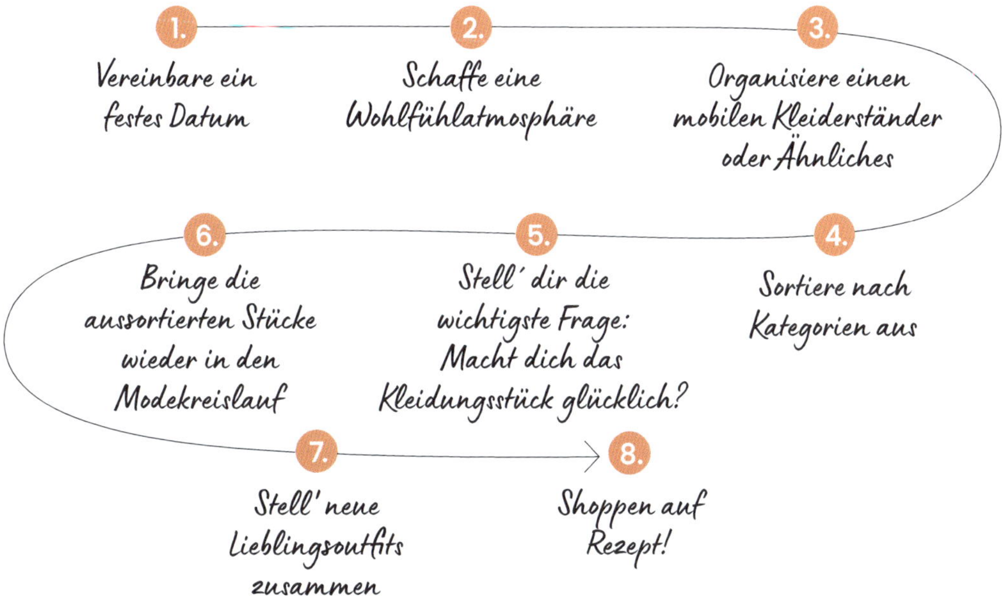

1. Das Date: Wann wird es stattfinden? Vereinbare einen festen Termin mit deinem Kleiderschrank.

Die Erfahrung zeigt, dass es vom Zeitfaktor her eher ein 6-Gänge-Menü wird, als eine schnelle Pizza beim Italiener. Also plane ca. 3-5 Stunden dafür ein. Sollte dir zwischendurch die Puste ausgehen, plane einen zweiten Teil, der möglichst bald danach stattfindet, damit du schnell ein tolles Ergebnis hast. Sorge dafür, dass du und dein Schrank unter euch seid und ihr euch voll und ganz auf euch konzentrieren könnt.

In Sabines Fall hat sie sich den kompletten Vormittag bis in den frühen Nachmittag freigeschaufelt, die Kinder gut bei ihrer Mutter untergebracht und sich den ganzen Tag Urlaub genommen. Ich klingele an ihrer Tür und werde mit einem Lächeln und spürbarem Tatendrang empfangen.

2. Schaffe dir eine Wohlfühlatmosphäre! Lege dir deine Lieblingsmusik auf und sorge gut für dich, z. B. mit einer Kanne frischem Ingwertee, Plätzchen oder Obst. Und schlüpfe in ein

Outfit, das du schnell wechseln kannst, in dem du dich magst und mit deinem Date Frühstücken gehen würdest. Ein Lied, das helfen kann, wenn du dich partout nicht von Stücken trennen magst, ist übrigens „Leichtes Gepäck" von Silbermond.

Sabine hat sich natürlich auch überlegt, was sie anzieht. Da sie heute einige Dinge anprobieren wird, eignet sich die Lieblingsjeans mit einem hübschen Pullover, der ihre Augen schön leuchten lässt. Ein leichtes Tages-Make-up und ihren Lippenstift hat sie auch extra aufgetragen. Es ist ja schließlich ein Date. Im Hintergrund läuft das Lied „An guten Tagen" von Johannes Oerding. Wir trinken zu Beginn einen Cappuccino und stecken uns das Ziel, dass nach dieser Kleiderschrank-Mission nur noch Dinge in ihrem Schrank bleiben dürfen, die ihr jetzt passen und in denen sie sich wohlfühlt. Wir schnappen uns noch ein paar Nüsse und Zitronenwasser und legen los.

3. **So behältst du den Überblick:** Organisiere dir 1-2 mobile Kleiderständer und/oder lege eine Decke auf dein Bett, damit du die Möglichkeit hast, dort etwas abzulegen. Stelle auch einige größere Kartons bereit, damit du die aussortierten Dinge verstauen kannst. Außerdem ist ein großer Spiegel, im Idealfall ein Ganzkörperspiegel, in der Nähe wichtig.

Ich trage die leichte, mobile Kleiderstange in den ersten Stock und rolle sie erst einmal zur Seite. Sie eignet sich übrigens auch super für den Flohmarktstand oder wenn du für den Urlaub packst und dir die Outfits zusammenstellen möchtest. Sie ist also eine gute Investition.

4. **Aussortieren leicht gemacht:** Nun gehst du Schritt für Schritt vor, und zwar in Kategorien. Stelle dich vor deinen Schrank und nimm dir zuerst die Oberteile vor. Warum wir nicht mit den Hosen anfangen, wirst du gleich erfahren. Also, alle Oberteile, die du regelmäßig in Gebrauch hast, bitte anschauen. Wenn es Stücke sind, die du gern trägst und die top in Schuss sind, kannst du sie im Schrank belassen. Sei bitte ehrlich zu dir und überlege, ob z. B. viele Oberteile nur von dir getragen werden, weil sie bequem sind. Das ist aus meiner Sicht nicht der beste Impuls. Eher hilft es, sich zu fragen: *Passt das Oberteil wirklich in das wichtige Business-Meeting, wenn ich mich gegenüber den Kollegen durchsetzen möchte? Oder lenken die kleinen, wenn auch dezenten Glitzersteine von meiner Botschaft ab? Mache ich mich mit den unzähligen schwarzen Blazern möglicherweise unnahbar?*

Wenn jetzt Teile dabei sind, bei denen du dir unsicher bist, dann hänge diese auf die mobile Kleiderstange oder lege sie aufs Bett. Schaue weiter durch und sei aufmerksam. Prüfe immer wieder, ob die Bluse oder das Shirt wirklich deine Persönlichkeit unterstützt und etwas für dich tut.

Hast du dir alle Shirts angeschaut, geht es weiter mit Jacken, Blazern und Co. Wenn du damit fertig bist, hast du mit Sicherheit ein paar Teilchen dabei, die du zur Seite gelegt hast. Nun schnappst du dir z. B. eine Bluse, die du bislang noch nie oder nur selten getragen hast. Es hilft jetzt nicht, sie hochzuhalten, zu betrachten und zu sagen: „Du hast einiges gekostet und an dir ist nichts dran, deswegen kommst du wieder auf die Kleiderstange." Jetzt ist der Zeitpunkt gekommen, wo du sie anziehen darfst. Ja, richtig – das Sportprogramm ist heute inklusive. Zieh alles auf dem Stapel nacheinander an und stelle dich damit vor den Spiegel.

Sabine schaut mich fragend und voller Erwartung an. Sie zupft ein wenig nervös an ihrem Pullover. Wir überlegen nicht lange, sondern starten direkt mit den Oberteilen. Sabine zeigt mir ein paar Blusen, die hier schon ewig hängen. Sie kann sich gar nicht mehr erinnern, wann sie die das letzte Mal angehabt hat und gesteht mir, dass sie sie nicht anprobieren braucht, da sie in die 38 nicht mehr reinkommen wird. Ihre Oberweite hat sich verändert und die Knöpfe würden nicht lange standhalten. Ich versichere ihr, dass die Teile in ihrem Schrank nicht fehlen werden, da der Look „Blazer und Bluse" in den meisten Firmen nicht mehr notwendig ist und sie zudem älter aussehen lassen würde. (Wichtig ist hier zu sagen, dass die Blusen ca. 8 Jahre alt und somit vom Image her nicht mehr zeitgemäß sind.) Oft hilft hier auch die einfache Frage: „Möchtest du mit deinen Outfits 5 Jahre älter wirken?" Damit erledigt sich das Thema schnell von allein und die Bluse wandert in die Kiste. Wir haben noch eine Menge Stücke vor uns und sind hochmotiviert.

5. Nun kommt die zentrale Frage, die ich von Marie Kondo aus ihrem Bestseller „Magic Cleaning" (Rowohlt, 2013) übernommen habe: „Macht dich das Kleidungsstück glücklich?"

Bitte sei ehrlich. In 90 % der Fälle wird die Antwort „Nein" lauten. Das habe ich in den letzten Jahren bei unzähligen Kleiderschrank-Checks meiner lieben Kundinnen gelernt. Dann lass die Bluse bitte gehen und lege sie in einen der Kartons.

Die häufigsten Gründe für ein „Nein" können sein: Sie spannt im Brustbereich, sie kneift am Bauch, sie lässt dich 5 bis 10 Jahre älter wirken, da sie schon ewige Zeiten unbeachtet im Schrank hängt, sie war früher mal reduziert und ein Spontankauf, der dich nur in dem Moment glücklich gemacht hat, die Farbe lässt dich blass aussehen und so weiter.

Nun ist der Anfang gemacht. Du kannst stolz auf dich sein. Jetzt knöpfe dir die weiteren Sachen vor, die auf deinen Check warten. Anhand dieser Methode gehst du deinen gesamten Schrank durch (inklusive Jacken, Taschen, Schuhe und Schmuck). Irgendwann wirst du an den Punkt gelangen, wo es an die Hosen geht. Bitte ziehe alle Hosen an, bei denen du dir nur im Entferntesten unsicher bist, ob sie aktuell passen. Das ist meistens der schwerste Part dieses Dates. Wenn sie nicht zugeht, brauchst du nicht lange überlegen. Ich persönlich habe mehr Ziel- oder Hoffnungshosen gesehen, als ich zählen kann. Sie machen dich unglücklich und somit gehören sie nicht in dein morgendliches Sichtfeld. Bitte lasse sie gehen.

Falls die Hosen obenrum allerdings passen und du dich gut darin fühlst, prüfe bitte, ob die Hosenlänge dich unterstützt. Manchmal sehe ich zu lange Hosenbeine. Dann kräuselt sich der Stoff über dem Knöchel. Wenn du unsicher bist – und das gilt auch für alle anderen Teile, die nicht optimal passen –, bringe sie zum Änderungsschneider. Er vollbringt wahre Wunder

Vielleicht entdeckst du bei diesem Schritt Stücke, die im Alltag nicht mehr funktionieren, von denen du dich aber trotzdem nicht trennen möchtest. Bei einem Kleiderschrank-Check sagte meine liebe Kundin: „Die Sachen ziehe ich zwar hier nicht mehr an, doch wir fahren ja regelmäßig in unser Ferienhaus und da werde ich sie auftragen."

Aha. Ich sagte erst mal nichts dazu. Als der Karton dann nach zwei Stunden überquoll, fragte ich sie, ob sie nicht auch im Urlaub gut aussehen möchte. Es machte Klick und ich durfte diesen Satz für sie notieren. Ihr Fazit: **Ich möchte auch im Urlaub gut aussehen.**

Übrigens ist die Karnevals-/Kostümkiste auch irgendwann voll und so viele Renovierungen und Gartenarbeiten gibt es auch nicht. Du merkst, ich habe schon alle Tricks gehört ... Diese Optionen sind also kein Zwischenlager für Kleidung, die dich nicht mehr glücklich macht.

Achte bitte auch darauf, ob du von einem gewissen Kleidungsstück oder bestimmten Accessoires nicht zu viele Modelle hast. Regelmäßig erteile ich „Strickjacken-Einkaufsverbot" oder auch eine „Schwarz-Einkaufssperre".

Wir sind nun bei einem Blazer angekommen, den Sabine schon ein paar Jährchen im Schrank hat. Er ist wertig und war eine kleine Investition. Allerdings ist er schwarz und sitzt nicht mehr richtig. Sabine schaut mich unschlüssig an. Sie mag sich nicht wirklich davon trennen und erinnert sich an den einen Termin, der so erfolgreich war und da hatte sie ihn an ... Was nun?
Jetzt kommt die Geheimwaffe, wenn es um die Kleiderschrank-Diät geht. Ich stelle Sabine die Frage: „Macht dich der Blazer heute noch glücklich?" Inzwischen hat Sabine ihn angezogen, denn auf dem Bügel sah er noch tiptop aus. Doch nun genügt ein Blick in den Spiegel und er wandert mit einem kleinen Seufzer in den Karton. Sie hat gemerkt, dass das Schwarz sie müde aussehen lässt. Im Vergleich zu ihrem aktuellen dunkelblauen Blazer hat er einfach ausgedient. Sie fühlt sich nicht mehr wohl darin.

Wir machen fleißig weiter und sind nun bei den Hosen angelangt. Sabine zeigt auf einen Stapel Jeans. Ich erkenne schon nach wenigen Blicken, dass sie hier bereits länger (ungetragen) liegen. Wir sind „im Flow" und somit probiert sie eine Hose nach der anderen an. 80 % dieser Hosen sind zu eng oder einfach durch die Schnittführung nicht mehr aktuell.

Sie landen in der Kiste, damit sich jemand anderes darüber freuen kann.

Die Hosen, die ihr gut passen, liegen auf einem anderen Stapel. Da sie regelmäßig in Gebrauch sind, brauchen sie nicht angezogen werden. Jedoch fällt Sabine ein, dass die eine Hose zwar obenherum gut sitzt, allerdings zu ihren Sneakern nicht so richtig gut aussieht. Beherzt springt sie rein und wir stellen nach einem prüfenden Blick in den Spiegel fest, dass die Beine zu lang sind. Hier lohnt sich der Besuch beim Änderungsschneider. Auch dafür steht ein Karton bereit. Wir vermerken auf einem kleinen Zettel, was geändert werden soll.

Tipp: Falls du Mäntel oder Blazer hast, die am Oberarm zwicken, aber sonst noch gut sitzen, kannst du auch sie zum Schneider bringen. Oft ist es möglich, an der Unterseite vom Oberarm einen dezenten Keil einzusetzen.

Wir arbeiten uns jetzt zu den Schuhen durch. Es wird schon positiv luftig im Schrank! Sabine bittet mich, ganz genau hinzuschauen und gründlich auszusortieren, da Schuhe meistens über sehr viele Jahre hinweg passen. Doch sind sie dann noch modisch? Aus meiner Erfahrung kann ich sagen, dass ein altbackener Schuh ein ganzes Outfit ruinieren kann. Er kann es also im Umkehrschluss sehr schnell aufwerten und „jung" zaubern.

Die alten Modelle stehen recht weit hinten im Schrank. Im Grunde sieht Sabine direkt, welche Paare nicht mehr gut sind. Entweder sind die Absätze nicht mehr richtig in Schuss oder sie sind so gut wie nie getragen worden, obwohl sie nun schon einige Jährchen im Schrank stehen.

Ich gebe ihr den Tipp, bei Unsicherheiten in der aktuellen Schuhwelt einen Blick in eine der einschlägigen Frauenzeitschriften oder ein gut ausgestattetes Schuhgeschäft zu wagen. Mein Favorit ist hier „Zumnorde". Es gibt einige Filialen in Deutschland und praktischerweise einen sehr gut sortierten Onlineshop. Hier kann man im Zweifel nachschauen und sich von den Bildern inspirieren lassen.

Die anderen Accessoires schauen wir uns natürlich auch an. Das Schmuckkästchen ist bunt gefüllt. Wir finden Mitbringsel aus dem Urlaub, die am Strand toll aussahen, doch sich im deutschen Alltag nicht bewährt haben. Zudem finden wir ein goldenes Armband mit kleinen Rubinen. Sabine hat es von ihrer Oma geerbt. Wir finden auch noch ein paar alte Ringe, die sie vermacht bekommen hat. Getragen hat sie diese Schmuckstücke jedoch noch nie. Da sie eine tolle Beziehung zu ihrer Oma hatte, ist sie sich unschlüssig, was damit passieren soll. Glücklich macht sie die Erinnerung an ihre Kindheit, doch wie transportiert sie diese Dinge in die Zukunft? Ich empfehle ihr einen Termin beim hiesigen Juwelier. Aus Sabines Fundstücken lässt sich auf jeden Fall ein schöner, schlichter Ring gestalten, den sie täglich tragen würde. Sie findet, das wäre eine tolle Idee!

6. Bringe alle aussortierten Stücke wieder in den Modekreislauf, denn es gibt bestimmt eine Frau, die sich über deine Mode freuen wird.

Es gibt sicher auch in deiner Nähe gute Second-Hand-Läden, Kleiderkreisel und Frauenflohmärkte. Ich persönlich habe schon viele dieser Optionen ausprobiert. Mein persönlicher Favorit ist ein kleiner, feiner Second-Hand-Laden in meinem Wohnort. Dort bringe ich in einem Rutsch die aussortierten Teilchen hin und bespreche mit der Inhaberin, welche Preise sie veranschlagen wird. Wenn etwas davon verkauft wird, erhalte ich 50 % davon. Die anderen 50 % sind ihre Provision.

Warum gehe ich damit nicht auf den Flohmarkt? Ich bin, seit ich denken kann, leidenschaftliche Flohmarktgängerin. Ich verkaufe super gern und noch lieber stöbere ich nach kleinen Schätzen. Allerdings finde ich, dass man mittlerweile nur noch sehr wenig Geld für gute Kleidung bekommt. Es ist für mich müßig, mit Frauen, die Designerhandtaschen am Arm tragen, über 3 Euro zu diskutieren. Kam allerdings eine junge Studentin, habe ich immer Sonderpreise gemacht, da es mir einfach darum geht, dass die neue Besitzerin sich ehrlich über den Kauf freut. Alles in allem ist es für mich persönlich zu viel Aufwand für das Ergebnis. Somit ist der Second-Hand-Laden um die Ecke für mich die beste Lösung. Solltest du sehr hochwertige Designerkleidung abgeben wollen, aber keinen passenden Second-Hand-Laden in der Nähe haben, empfehle ich dir vestiairecollective.com.

In den letzten Wochen habe ich zudem davon gehört, dass sehr viele Frauenhäuser dankbar für Kleiderspenden sind. Die Frauen sind bei ihrer Ankunft meist komplett mittellos und besitzen nur die Kleidung, die sie am Leib tragen. Ich empfehle dir daher sehr, in deiner Stadt nach „Frauenhaus" zu googeln und dort zu erfragen, wo die Spende abgegeben werden kann. Altkleidercontainer sind für die Weitergabe ausrangierter Kleidung leider nicht empfehlenswert, da die Spende oft nicht bei den Bedürftigen landet. Es gibt aber neben den Frauenhäusern unzählige soziale Einrichtungen, die sich über Kleiderspenden freuen, wie z. B. die Caritas, Oxfam, etc. Einige von ihnen haben eigene Second-Hand-Läden, in denen die Kleiderspenden wiederverkauft werden. Der Erlös geht an karitative Projekte. Oder du spendest direkt an Soziale Kaufhäuser, Obdachlosenstellen und Co. Du kannst auch bei der Kirche anrufen oder der Agentur für Arbeit. Diesen Tipp hat mir Vera Int-Veen gegeben, da einige Arbeitssuchende keine passende Kleidung für die Vorstellungsgespräche haben.

Oder du lädst ein paar Freundinnen ein und ihr veranstaltet eine kleine Tauschparty! Das hat auf jeden Fall Unterhaltungspotenzial. Falls ihr alle unterschiedliche Größen habt, ist natürlich auch ein „Accessoires-Tausch-Abend" eine schöne Option. Wenn ich an die unzähligen Tücher, Taschen und Ketten denke, die ungenutzt in vielen Kleiderschränken schlummern, lohnt es sich auf jeden Fall. Ach ja, sag deinen Freundinnen bitte, sie sollen ihre Fehlkäufe mitbringen. Es ist manchmal sehr spannend, wie das nie getragene Teil an einer anderen Frau aussieht. Bei meinen Seminaren wechseln diese Fehlkäufe regelmäßig ihren Besitzer.

Wenn du auf Instagram unterwegs bist, kannst du über die Story-Funktion auch Gleichgesinnte suchen und dann einfach online eine Tauschparty veranstalten. So etwas funktioniert natürlich auch auf Facebook als Post.

Auf einem Kongress traf ich einmal eine Juristin, die mir erzählte, dass sie seit über 5 Jahren kein neues Kleidungsstück mehr getragen hätte und nur noch auf sogenannte „Kleidertausch-Abende" gehen würde. Diese Idee finde ich toll. Allerdings gestand sie mir auch, dass sie oft Kompromisse in Bezug auf die Passform mache. Sie trage Jacken, die ihr zu groß seien, und Hosen, die nicht richtig säßen. Das sah ich auch an dem Tag, als wir uns ausgetauscht haben. Ich habe ihr dazu geraten, einen guten Änderungsschneider zu suchen, damit sie sich die Teile anpassen lassen kann.

Ich finde es wichtig, sich genau zu überlegen, wer die aussortierten Stücke erhält. Es hat nämlich den Vorteil, dass ich weiß: Sie kommen in gute und dankbare Hände. Wenn ich abends an dem Fenster vom Second-Hand-Laden vorbeilaufe und eines meiner abgegebenen Kleider im Schaufenster dekoriert sehe, fühle ich mich auch ein wenig stolz.

Übrigens kannst du mit einem **kleinen Trick** herausfinden, ob du die Dinge, die sich nach dem Date noch im Schrank befinden, wirklich getragen hast: Nach deinem Date trägst du dir einen Termin im Kalender ein, z. B. 6 Monate später. In diesem Zeitraum hängst du alle Stücke, die du danach anhattest, ja wieder in den Schrank. Achte nun allerdings darauf, dass du den Haken des Kleiderbügels verkehrt herum einhängst. Dann kannst du nach der gesetzten Frist genau sehen, was du angezogen hast und ggf. nachjustieren.

Derweil haben sich bei Sabine vier Kartons angesammelt. Wir überlegen nun zusammen, wer sich darüber freuen könnte. Dieser Gedanke lässt Sabine strahlen. Denn ihr fällt spontan ihre Freundin ein, die sich nur selten Markenkleidung leistet. Sie wird die Dinge mit Sicherheit gern tragen. Die ersten beiden Kartons sind also schon gedanklich verschenkt. Der dritte wird direkt ins Auto gelegt, da Sabine morgen zum Änderungsschneider fahren wird. Was weg ist, ist weg. Die letzte Kiste wird in den Keller gebracht, da sie Ende des Monats auf einen Frauenflohmarkt fährt. Ich lasse mir dies hoch und heilig versprechen, damit der Karton nicht doch wieder in den Kleiderschrank wandert. Da sie jedoch die darin enthaltenen „Zielhosen" mit Entsetzen anprobiert hat, wird dies nicht geschehen.

7. Das Beste kommt zum Schluss: „Shoppen im eigenen Schrank". Du hast nun nur noch Kleidung im Schrank, die dir passt und in der du dich gut fühlst. **Wunderbar!** Jetzt darfst du mit einem ganz neuen Blick auf deine Kleidungsstücke neue Outfits zusammenstellen. Wie gehst du nun vor?

Du hast dir ja schon Gedanken darüber gemacht, wie du in deiner Kleidung wirken möchtest, richtig?

Wenn nicht, ist jetzt ein guter Zeitpunkt. Stelle dir ein Moodboard aus Zeitschriften oder eine private Pinnwand bei Pinterest zusammen. Überlege dir, was dir wirklich wichtig ist, und wie dich deine Kleidung dabei unterstützen kann.

Nun shoppen wir bei Sabine im eigenen Kleiderschrank. Beim Durchsehen haben wir einige Dinge zur Seite gehängt, die schön sind und passen, aber bisher kaum getragen wurden, da Sabine nicht wusste, wie sie diese kombinieren sollte. Sie reicht mir eine graue Hose, die schon einige Zeit im Schrank hing und wenig Beachtung fand. Bislang, sage ich nur ...

Ich schnappe mir das Teil und lege los. Sabine hat viele kühle Töne im Schrank (blau, schwarz, weiß und Co., die üblichen Verdächtigen). In der Vergangenheit war die schnellste und bequemste Kombination ein Shirt, Jeans und Sneaker. An guten Tagen vielleicht noch ein Schuh mit moderatem Absatz. Das ist ja grundsätzlich etwas, worauf wir aufbauen können.

Ich schnappe mir ein paar größere, silberne Creolen, die sich sehr lange versteckt hatten, hole ein leicht fließendes Oberteil in hellblau heraus (das wurde für „gute Anlässe" gekauft und bislang noch nie getragen), kombiniere es mit der hellgrauen Hose und greife nach den hellgrauen Wildlederpumps. Als sportliche Variante – und ich verwende hier bewusst nicht das Wort „bequem" –, lege ich noch die weißen Sneaker dazu.

Wir hängen die Dinge auf zwei Bügel und haben zuvor einen Kleiderhaken organisiert, den wir am Türrahmen aufhängen können. Zack ist die erste Outfitkombi in Form eines Fotos auf dem Handy gespeichert. An „Ich-habe-nichts-anzuziehen-Tagen" kann sie jederzeit darauf zurückgreifen. Das 5-Minuten-Makeup (inkl. dezentem Lippenstift, getönter Tagescreme, Rouge, Wimperntusche und Augenbrauenmascara) denken wir uns dazu.

Sabine strahlt mich an. Sie merkt, dass sie schöne Dinge im Schrank hat, die einfach nur mal anders kombiniert werden möchten. Soll diese Option noch bürotauglich werden, kommt der Jerseyblazer in dunkelblau dazu. Denn wir wissen ja: Ein Blazer ist das einfachste Kleidungsstück, das „Büro!" ruft und unsere aufrechte Körperhaltung unterstützt.

Soll es lässiger werden, wählt sie dazu die Jeansjacke mit einem flachen Schuh. Hat sie Lust auf eine Kette, kommt eine zum Einsatz, die ihr dezentes Dekolleté schön unterstreicht. Oder auch mal ein roter Lippenstift, wenn sie nach der Arbeit noch auf einen Drink mit einer Freundin unterwegs ist.

Und auch das fließende Oberteil kann durch ein T-Shirt ersetzt werden, das Sabine in einem Wort beschreibt, z. B. „HAPPY", oder ein Symbol, das ihr gute Laune bereitet. Für das Frühjahr oder den Sommer fällt mir da spontan eine Zitrone ein.

Merkst du, was sich verändert hat? Der Blick auf die Outfit-Zusammenstellung.

Ach, diesen Part liebe ich einfach. Sabine hält mir ein Kleid hin, das sie so gern mal wieder tragen möchte, doch sie denkt, dass ihre Beine in einer hautfarbenen Strumpfhose nicht so ebenmäßig aussehen. Die hellen Käsebeinchen, die ich übrigens auch im Winter habe, können wir leider nicht so einfach wegzaubern, oder doch?

Hier kommt Option A: Für Feiern mit schickem Dresscode kann ich einen Besuch im Sonnenstudio empfehlen. Nein, nicht unters Solarium, sondern unter die Sonnendusche bzw. „Spraytan". Hier ist der Vorteil, dass du von Kopf bis Fuß mit dem Airbrushsystem in der Bräunungsstufe deiner Wahl eingesprüht wirst. Danach schlüpfst du im Idealfall in ein luftiges Kleid, schläfst eine Nacht und duschst dich am nächsten Morgen. Und simsalabim hast du einen tollen Teint, der ca. 10 bis 14 Tage anhält. Da ich sehr empfindliche Haut habe und bereits seit meiner Kindheit an Neurodermitis leide, greife ich gern darauf zurück, und finde, es ist für fast jede Frau eine gute Idee.

Option B: Sabine greift in die Schublade und wählt eine blickdichte, schwarze Strumpfhose, dazu dann eine schwarze Stiefellette. Das Kleid hat ein tolles grafisches Muster, in dem auch das Schwarz vorkommt. Jetzt frage ich sie, was noch fehlt, um den Look komplett zu machen. Sie läuft zur neu entdeckten Schmuckecke und findet größere Ohrringe, die sie beim letzten Einkauf im Vorbeigehen mitgenommen hat. Ich lächle begeistert!

„Ach ja, und wenn es kälter ist, nehme ich dazu wieder den dunkelblauen Blazer oder meine längere Cashmere-Strickjacke, richtig?", fragt sie.

„Genau! Ich bin stolz auf dich. Wie wird es sich anfühlen, wenn du das Kleid in dieser Kombination trägst?", frage ich lächelnd.

„Ich fühle mich wieder weiblicher und trotzdem ist es alltagstauglich. Ach ja, und auch verkleidet werde ich mir nicht vorkommen. Einfach sichtbarer."

An dieser Stelle möchte ich dich herzlich bitten, keine Kleidungsstücke für bestimmte Anlässe, die im schlimmsten Fall nie eintreten, aufzubewahren. Bei mir wirst du kein Kleidungsstück mit einem Preisschild im Schrank finden. Jedes neue Teil zieht bei mir offiziell ein und mit Preisschild geht das nicht. Mache es bitte direkt ab, damit es sich auch einleben kann. Ich finde es grandios, etwas das erste Mal zu tragen. Jedem Anfang liegt ein Zauber inne ... auch bei einer Jeans oder einer schicken Jacke.

So erzogen wurde ich allerdings nicht – noch heute verwendet meine Mama den Satz: „Das lasse ich für ‚gut'." Deswegen darf ich bei ihr auch keinen Kleiderschrank-Check machen. Doch zusammen einkaufen geht sie am liebsten bei mir und lächelt ganz verschmitzt, wenn die Verkäuferinnen merken, dass ich Ahnung habe, wenn ich ihr Dinge bringe.

Sabine greift sich das nächste Stück und merkt, dass es mir einen Heidenspaß macht, ihr „Shoppen im eigenen Schrank" zu zeigen. Sie holt den dunkelblauen Bleistiftrock vom Ständer und schwenkt ihn hin und her. Ich frage sie, wie sie ihn normalerweise tragen würde. „Mit einer weißen Bluse und Perlenkette." Oha, da ist der Kellnerlook komplett. Nichts gegen Kellner bzw. Servicepersonal. In meinem ersten Leben war ich ja Hotelfachfrau ... Also frage ich sie: „Wo möchtest du ihn denn anziehen?"

„Ich würde ihn gerne nicht nur an Geburtstagen rausholen."

„Gut, dann hol doch mal deinen blauen Cashmere-Pulli."

Gesagt, getan. Dazu wählen wir für sie noch die großen silbernen Ohrstecker, die so wunderbar dezent glitzern, wenn das Licht darauf fällt, die blauen Pumps und die metallische Handtasche – bitte „crossbody" umhängen (d. h. den Gurt einmal über den Kopf und nicht rechts an die Schulter. Das sieht lässiger aus, es sein denn, du bist 18, dann ist alles erlaubt) – und fertig ist das nächste Outfit.

Weitere Optionen wären jetzt möglich, wenn du die Schuhe austauschst, z. B. durch die Stiefelette, oder den Pulli durch die wertige Seidenschluse (zwischen T-Shirt und Bluse liegt die Schluse).

Jetzt sind wir im Flow und auch du wirst merken: Nach den ersten neu entdeckten Lieblingsoutfits kommen viele weitere hinzu. Warum das so ist? Weil sich der Blick und die Art und Weise geändert haben, wie du deine Looks zusammenstellst. Außerdem hast du nach dem Kleiderschrank-Check nur noch Sachen im Schrank, die dir passen und in denen du dich wohlfühlst. Falls du beim Aussortieren ein wenig geschummelt hast, setze dir einen weiteren Termin in deinen Kalender, damit auch deine Fragezeichen-Teile bald eine neue Besitzerin kriegen.

Sabine hat noch einige weitere Dinge, die sie wieder zum Leben erwecken möchte. Wie diesen schlichten Wollmantel, der ihr zu langweilig geworden ist. Das Schöne an ihm ist, dass er eine gute Qualität und einen klassischen Schnitt hat. Beherzt greife ich zu einer Brosche, die bislang ein einsames Dasein in der Schmuckschatulle gefristet hat. „Mach sie mal bitte ans Revers", fordere ich sie freundlich auf. „Wenn du einen Tag hast, wo es nicht nur schlicht sein soll, kannst du sie wunderbar tragen." Sabine ist erstaunt, welchen Unterschied dieses Stück macht und lässt sie gleich dran.

Das nächste Oberteil lässt nicht lange auf sich warten. „Dieses Shirt trage ich nicht gerne, weil es einen sehr weiten Schulterausschnitt hat. Ich weiß dann nie, wie ich es schaffe, dass der BH-Träger nicht mehr sichtbar ist.“

„Okay, das Thema kenne ich auch. Es gibt zwei Lösungen: Entweder nimmst du einen halterlosen BH. Oder du holst dir einen sogenannten Schmuckkragen. Das Besondere an ihm ist, dass es kein Gezubbel gibt, da er einmal richtig angezogen nicht mehr rutscht. Und voilá ist das Problem mit der nackten Schulter gelöst.“

Sabine ist fasziniert, dass wir für jedes Teil eine leichte Lösung finden. So gehen wir Schritt für Schritt weiter vor, bis keine Fragen und keine Teile mehr offen sind, die sich vermeintlich nicht kombinieren lassen.

8. Last but not least: „Shoppen auf Rezept“.

An diesem Punkt bist du so weit, dass du dich von allem Ballast befreit hast. Dir wird beim neu Kombinieren und Entdecken deines Schranks aufgefallen sein, was dir wirklich noch fehlt. Das kann eine gutsitzende Jeans sein, ein bequemer und modischer Sneaker (ja, es geht beides) oder eine neue Tasche, weil du derzeit nur ein Modell verwendest, das in die Jahre gekommen ist. Diese Liste kann jede Frau nur ganz individuell für sich schreiben. Ich bin mir sicher, du bist in die Tiefen deines Schranks abgetaucht und kaufst in Zukunft (noch) bewusster ein. Es lohnt sich auch, immer auf ein spezielles Stück hinzuarbeiten oder zu sparen. Wenn der Wunsch nach einem bestimmten Teil sehr lange in deinem Kopf rumspuckt, lohnt es sich zu investieren. Idealerweise in Schuhe, Schmuck oder Taschen, da sie immer passen werden ...

Bei Sabine sind es nur wenige Stücke, die sie noch auf die Einkaufsliste schreibt. Auf jeden Fall werden nur noch Lieblingsteile geshoppt und keine Kompromisse mehr gemacht.

Bei den meisten Kleiderschrank-Checks, die ich durchführen durfte, fehlten eindeutig Schuhe und Schmuck. Sie runden einfach jedes Outfit ab. Meine Mutter hat selbst keine Ohrlöcher und dafür umso mehr bei mir darauf geachtet, wenn ich einmal keine Ohrringe getragen habe. Ich fühle mich ohne sie mittlerweile unvollständig. Da Accessoires und Schuhe so wichtig sind, komme ich im nächsten Kapitel ausführlicher darauf zu sprechen.

5. Echte Hingucker: Schuhe und Accessoires

Wie wichtig Schmuck, Schuhe und Taschen sind, hast du wahrscheinlich selbst schon bemerkt. Ohne diese Stücke ist für mich ein Outfit nicht komplett. Deswegen macht es auf jeden Fall Sinn, auch diese Habseligkeiten durchzuschauen.

Ob du eher der Silber-, Gold- oder Roségold-Typ bist, kannst du am einfachsten von deinem Hautton abhängig machen. Kühle Haut oder vornehme Blässe mag auf jeden Fall Silber und/oder Weißgold. Ein warmer Hautton, der schnell braun wird: Gold und Roségold. So lautet die Theorie. Doch Regeln sind ja auch da, um gebrochen zu werden und deswegen ist aus meiner Sicht erlaubt, was dir gefällt.

Als Kind hatte ich schon immer eine Affinität zu Silber. Gold hat mich nicht wirklich angesprochen. Das ist auch im Grunde so geblieben. Mein Ehering ist aus Weißgold. Gold kam für mich nicht infrage. Allerdings gibt es ja seit geraumer Zeit sehr viele Bicolor-Schmuckstücke, die ich auch mag. Vereinzelt habe ich Outfits, zu denen ich Modeschmuckohrringe trage, die in Goldoptik sind. Du wirst da auch deine Tendenzen haben.

Bei den Taschen, gerade wenn sie wertiger sind, würde ich immer erst mal auf ein bis zwei schöne Basics setzen, die du lange tragen wirst. Wer hätte es gedacht – auch ich habe Modelle vom Second-Hand-Laden und eine meiner ausgefallensten Optionen ist eine Umhängetasche in Form eines Rollschuhs. Die habe ich natürlich aus New York.

Wundervollerweise wird auch im Taschenmarkt das Thema Nachhaltigkeit präsenter. Von einem kleinen Label habe ich eine Clutch aus recyceltem Teppich geschenkt bekommen. Sie sieht wirklich witzig aus. Auch aus einer alten Jeans lassen sich Taschen zaubern. Erlaubt ist, was gefällt.

Wenn du deine Outfits am liebsten schlicht magst, könntest du dir eine Clutch in einem auffälligen Farbton wie orange, rot oder mit Pailletten zulegen. Dann hast du darüber einen Hingucker, wenn dir danach ist oder du greifst auch hier zu schlicht und bleibst clean in der Aussage.

Magst du es, die Taschen zu wechseln, findest es aber nervig, immer den gesamten Inhalt neu zu sortieren? Dann schau mal bei andbag.de. Dort gibt es den perfekten Taschenorganizer, den du einmal einräumst und dann bequem in alle größeren Taschen einsetzen kannst.

Auch der passende **Schuh** verwandelt jeden Look ganz schnell in „Mutti", moderne Frau oder „Hauptsache, er ist bequem". Ist der Schuh seit über 5 Jahren im Schrank, wird er oft aus dem Raster fallen. Mir geht es gar nicht darum, jemanden in eine Schublade zu schieben, denn es ist mit ein bisschen Geschick möglich, ganz viele Outfits aufzupimpen. Oft ist bei meinen Kundinnen der AHA-Effekt groß, wenn ich Schuhalternativen heraussuche. Wie das genau geht? Ich habe dir hier wieder einige Inspirationen und eine große Übersicht mitgebracht, welche Modelle wie wirken und kombiniert werden können.

Schuhmodelle, die viele Möglichkeiten bieten

Sneaker, der Sportliche: kombinierbar zum komplett sportlichen Outfit mit Jeans, Shirt oder Pulli. Allerdings sind seit einiger Zeit Stilbrüche erlaubt, die das Ganze modern und interessant machen, wie z. B. ein leichter Plateau-Sneaker zum Blümchenkleid. Wähle ich hier einen altbackenen Absatzschuh, kann es ganz schnell trutschig aussehen. Der Schuh peppt das Outfit im Handumdrehen auf.

Ob dieser Sneaker nun schlicht oder auffällig ist, hängt von dir und deinem Geschmack ab. Bist du eher die Basic-Liebhaberin, fange nicht an zu experimentieren, da du die auffallenden Schuhe wahrscheinlich nie tragen wirst.

Pumps, die Weiblichen: Ein schlichter, klassischer Absatzschuh zaubert in jedes, ja, jedes Outfit mehr Weiblichkeit und auch Selbstbewusstsein. Selbst wenn du eine Jeans und eine Bluse trägst, verändert sich ab dem Moment, wo du in einen schönen Schuh steigst, dein Körpergefühl. Du streckst dich optisch und der Schuh gibt dir mehr als nur eine Hülle für deinen Fuß. Probiere es einfach mal aus. Trage rechts einen Pumps und links einen Sneaker oder auch einen ausrangierten, bequemen Schuh.

Bei den Farben bleibe selbst ich schlicht. Schwarze, dunkelblaue, graue oder nudefarbene Pumps sind eine lohnende Investition. Der hautfarbene Schuh streckt auf jeden Fall deine Beine. Denn – wir erinnern uns – je weniger farbliche Unterbrechungen wir machen, desto länger wirkt ein Körperteil.

Wenn du einen bequemen und schicken Pumps suchst, schau mal bei „Maison Baum".

Stiefelette, der Übergangsschuh: Dieses Modell trage ich gern im Winter und in der Übergangszeit, wenn die ganz kalte Jahreszeit sich verabschiedet und sich langsam, aber sicher der Frühling ankündigt. Stiefeletten sind der perfekte Begleiter für die Kombination Kleid & blickdichte Strumpfhose.

Wenn du deine Beine optisch strecken möchtest, bietet sich die Ton-in-Ton-Kombination an. Das heißt, die Farbe der Strumpfhose und des Schuhs sind identisch. Wenn du groß bist und dir vielleicht wünschst, dass man dir deine Größe von mehr als 1,80 m nicht direkt ansieht, kannst du genau das Gegenteil ausprobieren. Wähle also die Strumpfhose z. B. in Schwarz und den Schuh in Rot.

Stiefel, der Warme: Ja, die Stiefel. Eines vorweg: Ich sehe immer mal wieder Frauen, die eine blaue Jeans anhaben und dazu einen braunen Stiefel kombinieren. Wenn du nicht gerade Julia Roberts bist (über 1,75 m und sehr schmal), dann lass bitte die Finger davon. Warum? Weil die Beine dadurch einfach super gestaucht werden und es von außen betrachtet schnell Stampfer anstelle von tollen Beinen werden. Auch hier gilt: Stiefel – ja, aber mit gleichfarbiger Hose oder besser noch Strumpfhose mit Rock oder Kleid.

Der Form halber erwähne ich gerne noch, dass ein Absatz immer einen schöneren Fuß im Stiefel macht. Es sei denn, du läufst stundenlang durch die Stadt damit.

Problemlöser: Vielleicht findest du selten oder nie Stiefel oder Stiefeletten, die dir richtig gut passen? Duo Boots aus England bietet den Service an, dass du deine Wade ausmessen kannst und der Schaft individuell für dich gefertigt wird. Und diese Modelle sind auch noch super schön und wertig.

Sandalette, die treue Begleiterin: Dieser Schuh ist toll für den Sommer. Obacht, wenn sie sehr flach sind – ich habe mit meinen 1,60 m schnell das Gefühl, darin Plattfüße zu haben. Deswegen kommt hier mein ultimativer Tipp: die Modelle von „Mime et moi“. Sie haben für mich eines der größten Schuhprobleme überhaupt gelöst. Der Clou daran: Du kannst die Absätze selbst wechseln. Ja, wirklich! Von ganz flach (3 cm) bis zu 7 cm-Block oder sogar 10 cm-Stiletto in 10 Sekunden. Vorbei sind die Partys und Empfänge, wo wir uns am Anfang noch toll und nach zwei Stunden auf den Dingern nicht mehr fortbewegen können. So glänzt du zu Beginn beim Aperitif im Stehen mit deinen Highheels und sobald es dann nach dem Essen auf die Tanzfläche geht, wechselst du ganz unauffällig den Absatz.

Ja, das funktioniert wirklich. Du brauchst dafür noch nicht mal auf die Toilette zu gehen. Ich habe dieses schnelle Wechseln mal auf einer Gala gemacht, als ich dachte, alle Frauen tanzen und ich kann es unauffällig am Tisch tun. In Nullkommanichts hatte sich eine Traube von

Leidensgenossinnen gebildet, die es nicht fassen konnten, dass ich eine flache Alternative dabeihabe. Sie haben mich alle beneidet, denn mein Outfit wurde nicht durch einen Flip Flop ruiniert, sondern sah immer noch toll aus.

Sie sind einfach in einer tollen Qualität und halten, was sie versprechen. Der kleine Blockabsatz hat mich an einem Tag durch ganz New York getragen und ich hatte abends keine Blase an der Hacke. Beim Dinner wechselte ich von flach auf hohen Block und habe mir so im Urlaub viel Gewicht gespart, denn ich brauchte nur wenige Paare einpacken. Bitte mehr von solchen Erfindungen!

Ich empfehle übrigens, sich das erste Modell in einer schlichten Variante zuzulegen. Zum Beispiel in Gold oder Silber, so kannst du sie gut kombinieren. Wähle hier die Schuhe passend zu der Schmuckfarbe aus, die du üblicherweise trägst. So passen sie optimal zu deinen Outfits.

Tipp: Am Endes dieses Buches habe ich dir einen Link zu unterschiedenlichen Rabattcodes vermerkt.

Die Speziellen: Hast du einen Hallux und deswegen große Herausforderungen, Schuhe zu finden, in denen du gut laufen kannst? Dann schau mal bei Lashoe.de.

Und hier noch ein paar Tipps zur Pflege, denn:
Schuhe wünschen sich auch nach dem Tragen Aufmerksamkeit!
Ich bin keine ausgewiesene Schuhexpertin, gebe dir jedoch gern mit auf den Weg, was ich als Laie empfehlen kann.

Schuhspanner sind eine der wichtigsten Investitionen, damit du lange Freude an den Modellen hast. Bei Lederschuhen sollten die Schuhspanner direkt eingesetzt werden, wenn du sie zuhause ausgezogen hast. In diesem Moment ist das Leder noch warm und die Feuchtigkeit, die damit einhergeht, wird von den Holzschuhspannern aufgesogen. Achte bitte auch auf deine Absätze und bringe sie regelmäßig zum **Schuster**. Und nicht vergessen: Pflege- und Imprägnier-Spray freuen sich auch, wenn sie regelmäßig zum Einsatz kommen!

Schmücke deine Looks – Ohrring- oder Ketten-Typ?

Oft höre ich: „Diese kleinen, schlichten Stecker oder Creolen trage ich jeden Tag."
Wenn ich dann frage: „Warum?", lautet die Antwort meistens: „Weil es sich so eingeschlichen hat."

Ja, zu leicht ist die Versuchung, es sich bequem zu machen.

Wie ist es aktuell bei dir? Trägst du überhaupt Schmuck? Eheringe und Uhren zählen hier für mich nicht. Das ist nettes Beiwerk. Mir geht es um den Fokus auf dein schönes Gesicht. Dies soll mehr in den Vordergrund gerückt werden und dabei helfen dir die Schmuckstücke. Ich habe übrigens schon alles gesehen: von A wie stiefmütterlich Angestaubte Schmuckkästchen, bis hin zu Z wie unZählige Schmuckbäumchen, die an ihren dünnen Ästchen weit mehr als 100 verschiedene Ohrringpaare trugen.

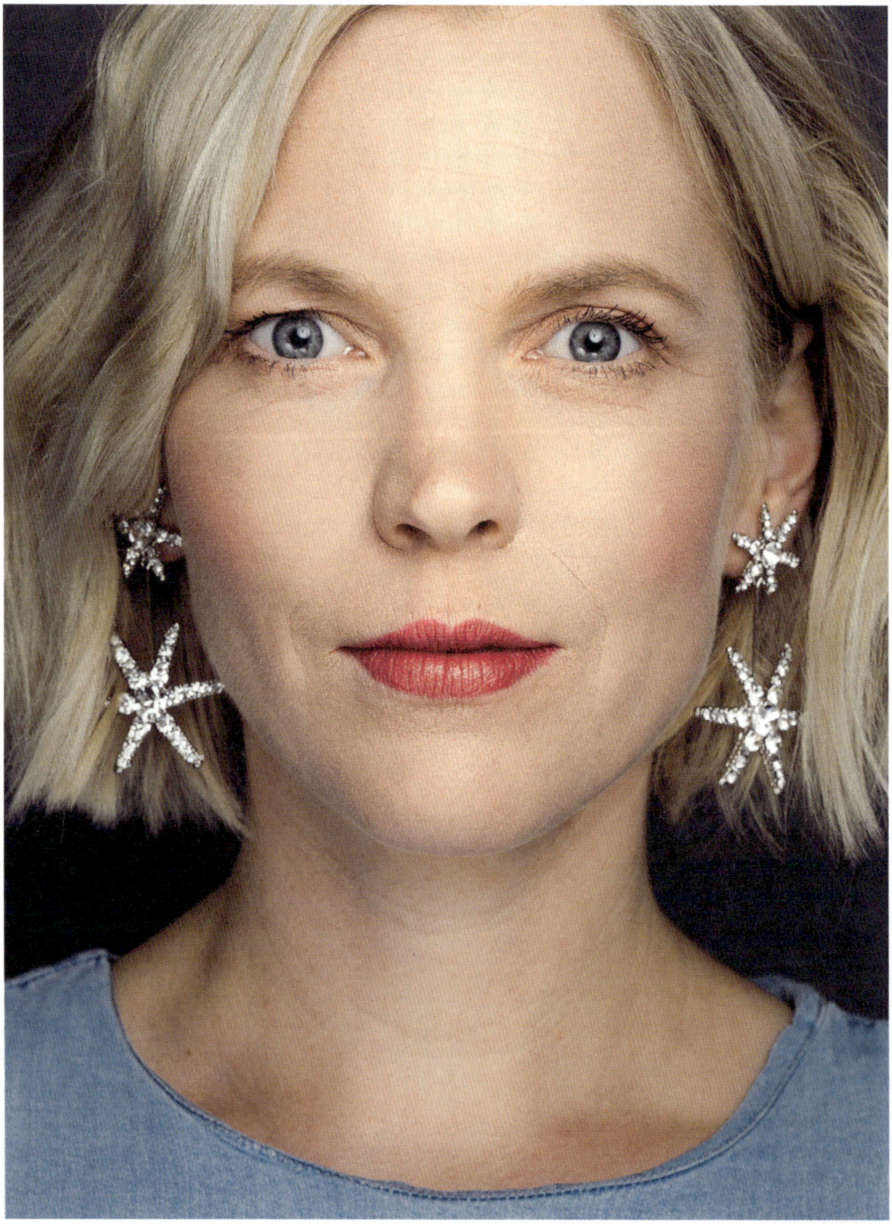

Was sehe ich öfter? Variante A, ganz klar. Hier liegt der Erbschmuck aus Gold und Diamanten neben den Clips aus der Modeschmuckboutique. Die Ketten sind ineinander verschlungen, als wären sie ein Liebespaar. Leider kommen diese Dinge nicht mehr zum Einsatz, da sie angelaufen sind und zum größten Teil auch nicht mehr in die aktuelle Zeit passen.

Bitte gehe daher beim Kleiderschrank-Check auch durch dein Schmuckkästchen und sortiere mit der Zauberfrage aus: „Macht mich dieses Stück glücklich?" Wenn das Armband von der Oma ganz sicher nicht mehr getragen wird, du es natürlich aber nicht verkaufen möchtest, dann bringe die gesammelten Werke bitte zum Juwelier deines Vertrauens. Es gibt ja zum Glück noch viele Juweliere, die auch Goldschmiedemeister sind oder jemanden dafür im Team haben. Dort kannst du ganz in Ruhe besprechen, was aus den Stücken neu geformt werden kann. Eine meiner lieben Kundinnen hat sich ihr Armband mit Rubinen einschmelzen lassen und daraus wurde, mit Zugabe von ein paar filigranen Goldringen, ein wunderschöner, breiterer Ring. Die Rubine funkeln nun jeden Tag an ihrem Finger.

Jetzt bin ich ein bisschen abgeschweift. Ich liebe einfach Accessoires!

Seit meine Haare kürzer sind, habe ich mich ganz eindeutig zur Ohrringliebhaberin entwickelt. Als Kind hatte ich große Probleme mit meinen Ohrlöchern. Die linke Seite entzündete sich immer wieder. Nach zweimaligen Nachstechen habe ich dann Glück gehabt und seitdem kann ich jeden Tag Ohrringe tragen. Hast du gar keine Ohrlöcher? Ich kann es dir wirklich empfehlen. Die Technik des Ohrstechens hat sich ja sehr gewandelt, es ist gewebeschonender und weniger schmerzhaft. Übrigens kann man sich die Ohrlöcher auch piercen lassen. Dies hat mir eine Kundin aus eigener Erfahrung berichtet.

Fühlst du dich mit Ketten wohler? Dann schau mal nach, welche Schätze bei dir im Kästchen schlummern. Bist du von deiner Statur her eher zierlich? Dann greifst du am besten auch beim Schmuck zu Stücken, die kleiner sind. Das können sehr filigrane Ketten sein. Die größeren Modelle eignen sich z. B. gut, wenn dein Oberkörper und vielleicht auch deine Oberweite üppiger sind. Der Schmuck sollte sich immer den Körperformen anpassen und uns nicht überstrahlen. Wobei ein bisschen Glitzer für die ein oder andere sicher passend ist.

Tolle Kordelketten mit einem Statement-Wort findest du in super vielen Farbvarianten bei „Goldmeise". In meiner eigenen Schmuckabteilung gibt es ein gelbes „hello", ein rosafarbens „Yeah" und ein rotes „Love". Sie haben auch einen Magnetverschluss und versprechen somit leichtes An- und Ablegen.

Diese Schmucklabel sind meine persönlichen Lieblinge:

Eshvi
Diese Marke habe ich auf der Berliner Fashion Week kennenlernen dürfen. Zwei meiner Lieblingsohrringe habe ich von Eshvi. Es ist sehr hochwertiger Modeschmuck, den auch die Stars lieben.

Lily & Rose
Dieses Schmucklabel kenne ich auch von der Fashion Week. Es ist eine Marke, die verspielt daherkommt und ich habe sehr viele Ohrringe in meiner Schmuckschublade.

Goldmeise
Ich mag sehr gerne kleine Labels und da kam Goldmeise gerade richtig. Es wohnt in Hamburg und die Inhaberin Jule kenne ich persönlich. Hier geht es um Statementschmuck, der etwas für Frauen ist, die sich mehr trauen möchten oder schon richtig kettenaffin sind. Schau einfach mal rein.

Goldknopf Accessoires – auch tragbar, wenn du keine Ohrlöcher hast!
Hier findest du handgefertigte Ohrringe in unterschiedlichen Größen und Designs. Von verspielt bis cool. Das Besondere an den Schmuckstücken ist der Verschluss, da er auch für Frauen geeignet ist, die keine Ohrlöcher haben oder Ohrläppchen, die ausgeleiert sind.

Irgendwo gibt es ein Paradies, wo einzelne Socken in glücklichen Beziehungen mit Tupperware-Deckeln leben, die nirgends drauf passen.

Ich gebe zu, **Socken** waren lange nicht auf meinem Radar, wenn ich mir Outfits zusammengestellt habe. Als ich dann eine Sockenproduzentin kennenlernte, dachte ich: „Oh, die sind ja wirklich schön, nur ziehe ich die dann auch an?“ Diese Schmucksöckchen kommen als schlichte, weiße Baumwollsocke mit einem transparenten Bündchen und kleinen Tupfen daher. Es gibt sie auch in auffälligeren Varianten mit Glitzerfäden und Co. Ich finde, dass sie mittlerweile ganz schlichte Outfits super aufwerten. Wenn ich mal einen Pulli-Jeans-und-Sneaker-Tag habe, sind sie mein kleines Highlight. Schau mal hier: dailysocks.berlin

hello

6. Sichtbarkeit & Farben – Lass dich sehen

Jetzt kommt endlich Farbe in den (dunklen) Kleiderschrank!
Wir haben im Grunde eine gute Intuition, wenn es darum geht, welche Farben uns stehen. Aber manchmal erreichen mich hilfesuchende Mails von Frauen, die mir berichten, dass sie diese Intuition verloren haben. Schwarz ist halt sicher und macht ja bekanntlich schlank. Doch ist es wirklich die sichere Bank, sich jeden Tag in Schwarz zu hüllen?

Es gibt Frauen, die tragen Schwarz mit Eleganz und Überzeugung – das ist wunderbar. Allerdings gibt es auch die Frauen, die sich einfach nicht mehr trauen, andere Farben zu tragen. Entscheidend ist immer: Wie fühlst du dich, wenn du Schwarz bzw. sehr dunkle Töne trägst?

Der letzte Tag, an dem ich komplett in Schwarz gekleidet war, war der Tag, an dem wir meinen Vater beerdigt haben. Das schien mir für diesen traurigen Anlass passend. Lediglich ein weißer Spitzenkragen lugte aus meinem Kleid hervor. Besonders wichtig war es mir, zu diesem Outfit ein Tages-Make-up zu tragen, das mich nicht noch blasser machte, sondern meinem Gesicht Kontur gab. Und in die sonst aalglatten Haare hatte ich mit dem Glätteisen leichte Wellen gemacht. Für diesen Tag war es für mich okay. Danach überlegte ich kurz, ob ich nun die nächsten Tage auch in Schwarz gekleidet gehen sollte. Meine innere Stimme sagte eindeutig Nein. Mich zieht diese Farbe runter und ich fühle mich dadurch auch energielos. Das war nicht immer so, sondern hat sich in den letzten Jahren entwickelt.

Wenn du so wie ich eher helle Haut hast, hat Schwarz folgende Wirkung: Es entzieht unserem Gesicht Farbe und lässt kleine Fältchen stärker hervortreten. Überlege mal kurz für dich, wie du dich in Schwarz wirklich fühlst, falls du es häufig trägst und dir eine Veränderung wünschst. Stelle dich einfach vor den Spiegel, wenn du komplett in Schwarz gekleidet bist und spüre in dich hinein, ob es dir Kraft gibt oder dich eher runterzieht. Dann greife dir ein helleres oder farbenfrohes Outfit und wiederhole das Ganze.

Schau einfach, was du gerade brauchst. Das kann an einem Tag Schwarz sein und an dem anderen eine andere Farbe.

Möchtest du sichtbarer sein?

Als ich vor ein paar Wochen einen Vortrag gehalten habe, schaute ich mir ganz bewusst die Zuhörerinnen an. Die Vorrednerin hatte uns nämlich darauf aufmerksam gemacht, dass Rot u. a. Sexappeal ausstrahlt. Bei diesem Satz wurden direkt einige Frauen im roten Blazer rot und zu meiner Begeisterung waren es 4 von 50 Frauen, die diese Farbe trugen. Diese Frauen stachen aus der Masse hervor. Ja, sie waren sichtbarer.

Eine andere Frau stand bei der Vorstellungsrunde auf und sagte, dass sie heute einen gelben Blazer trage, weil sie gerade aus dem sonnigen Teneriffa zurückgekommen wäre und sich die Wärme mit nach Deutschland genommen hätte. Das finde ich das Schöne und Faszinierende an Farben. Sie unterstützen unsere Gefühlslage oder verändern sie, wenn wir dies möchten. Wir können sie als Werkzeug einsetzen.

Hier einige Fragen für dich als Gedankenanstöße:

Auf einer Skala von 1 bis 10: Wie viel Farbe braucht dein Leben gerade?

1 = wenig ○ ○ ○ ○ ○ ○ ○ ○ ○ ○ 10 = viel

Frage dich einmal ganz bewusst: Welche Farben habe ich aktuell im Schrank?

Hat sich dies über die Jahre verändert?

Hast du im Frühjahr / Sommer ein anderes Farbgefühl als im Herbst / Winter?

Fühlst du dich in Schwarz, Grau und Blau manchmal farblos?

Welche Farben findest du schön, traust dich momentan jedoch nicht an sie ran?

Einen Tag nach meinem Styling-Seminar bekam ich eine WhatsApp-Nachricht von Tina. Sie hatte sich dieses Event selbst geschenkt. Tina ging bislang den schlichten, zurückhaltenden Weg. Ihre Freundinnen konnte sie super beim Einkaufen beraten. Doch nach ihren zwei Schwangerschaften hatte sie den Zugang zu ihrer eigenen Modelust verloren. Nach den Erkenntnissen des Seminartags fasste sie sich ein Herz – und zwar ein farbiges Herz, denn sie wollte den Spaß an der Mode wieder in ihre Outfits einziehen lassen. Am nächsten Morgen griff sie zu einem Kleid, das sie schon ewig nicht mehr getragen hatte, und einem kobaltblauen Blazer. Ach ja, und rotem Lippenstift.

Der Kommentar von ihrem Mann war: „Aha, willst du das wirklich anlassen?“
Sie wurde unsicher und erinnerte sich an meine Worte: „Wenn du modetechnisch etwas Neues ausprobierst, dann erwarte von deinem direkten Umfeld keine Freudensprünge.“

Also behielt sie ihr Outfit an und war so an diesem Tag sichtbarer und mutiger. Das verkraften nicht alle und werden auch nie alle für gut befinden. Es hat allerdings etwas mit ihr gemacht. Sie hat sich gut gefühlt. Es war zwar noch etwas ungewohnt, doch sie wollte eine Veränderung und hat die Kommentare der anderen ignoriert und auf ihr Bauchgefühl gehört.

Wann steigst du mal aus dem Gewohnheitscontainer aus und wirst mutiger?

Quick-Tipp für mehr Selbstbewusstsein:

Trage einen kräftigen Lippenstift oder größere Ohrringe, um dein Gesicht in Szene zu setzen. Eine auffällige Kette verleiht einem schlichten Outfit Stil und garantiert Aufmerksamkeit. Oder trage Schuhe mit Absatz. Sie verleihen uns eine aufrechtere Haltung.

Farben kombinieren – so geht´s

Es ist immer leichter, Kleidungsstücke zu kombinieren, die in **ähnlichen Farbwelten** unterwegs sind.

Das heißt zum Beispiel, wenn du gern kühle Farben trägst (blau, rosa, gelb, grau, weiß, anthrazit), gibt es ganz schnell sehr viele Outfitzusammenstellungen, die miteinander harmonieren. Gleiches gilt natürlich auch, wenn du zum Beispiel viele warme Töne (braun, ein warmes Rot, orange und Co.) in deinem Kleiderschrank hängen hast.

Diese Grundregel hilft mir persönlich jedes Mal, wenn ich in den Urlaub fahre. Obwohl ich ja viele „Ausreißer“ in meinem Schrank habe, greife ich im Urlaub gern zu den schlichteren Dingen, damit ich viel untereinander mischen kann. Eine große Auswahl an Ohrringen habe ich jedoch immer dabei, da sie wenig Platz wegnehmen und jeden Look in Szene setzen können.

Wenn du dir **starke Kontraste** wünschst, kannst du natürlich auch mit den jeweiligen Komplementärfarben arbeiten. Diese Farben liegen sich im Farbkreis gegenüber und sind sogenannte Ergänzungsfarben. Sie löschen sich gegenseitig aus, wenn sie miteinander gemischt werden. Der Kontrast zwischen zwei komplementären Farben wirkt sehr extrem und lebendig, da sich die Farben in ihrer Wirkung gegenseitig verstärken.

Hier siehst du die Komplementärfarben: Es ist natürlich auch wichtig, darauf zu achten, an welcher Körperstelle du welche Farbe einsetzt. Die zwei einfachsten und zugleich auch sehr wirksamen Styling-Techniken sind:

Alles, was hell und/oder glänzend ist, tritt hervor.

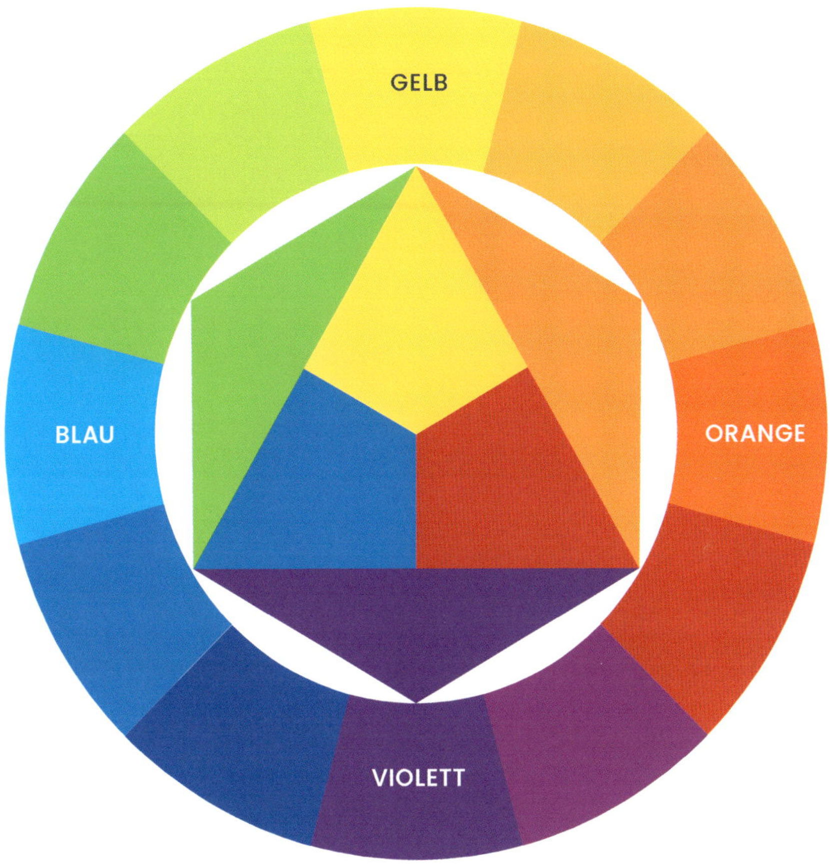

Im Umkehrschluss heißt das:
Alles, was dunkel und/oder matt ist, tritt zurück.

Menschen, die am Oberkörper z. B. eine 42 tragen und in Hosen eine 46, können diese Technik sehr gut anwenden, wenn sie ihre Proportionen ausgleichen möchten. Bei diesem Beispiel würde ich empfehlen, am Oberkörper eine helle Farbe zu tragen und als Hose oder Rock eine dunkle Farbe. Das klingt so simpel und ist doch für viele eine richtig große Erkenntnis.

Außerdem – als kleine Wiederholung – können Farben optisch größer oder kleiner machen (siehe auch Kapitel 3 unter „Outfit-Notfälle"):

Wenn jemand kleiner ist, so wie ich mit meinen 1,60 m, dann strecke ich mich, wenn ich Ton-in-Ton-Kombinationen anziehe. Die großen Kontrast-Looks, wie bei den Komplementärfarben, machen mich wiederum optisch kleiner. Heißt dies nun, dass kleine Menschen nur Ton-in-Ton-Kombinationen tragen sollten? Nein, es bedeutet nur, dass ich weiß, wie ich mit welcher Kombi wirke.

Kurzer Ausflug in die Farbwirkung (nach Jochen Mai auf karrierebibel.de)

Blau ist das neue Schwarz! Jedenfalls ist blau fast immer schmeichelnder zum Teint, wenn wir nicht gut gebräunt sind.

Blau: Zufriedenheit, Ruhe, Ausgeglichenheit, Harmonie, Empathie
Schwarz: Unnahbarkeit, Ernst, Leistungswillen, Intoleranz, Zwang
Rot: Selbstbewusstsein, Stärke, Vitalität, Erotik, Leidenschaft, Aktivität, Dynamik
Braun: Genuss, Sinnlichkeit, Sanftmut, Wärme, Bequemlichkeit, Einfallslosigkeit
Grau: Neutralität, Distanz, Gleichgültigkeit, Bezugslosigkeit, Abschirmung

Tipps:

Für alle: Das Strahlen deiner Augen verdoppelt sich, wenn du ein Oberteil, Kleid oder eine Jacke trägst, die deiner Augenfarbe sehr nahekommen. Also hellblaue Augen – hellblaues Kleidungsstück nahe am Gesicht.

Für Brillenträger: Wähle immer ein Brillengestell in einer anderen Farbe als deine Augen aus, damit ein Kontrast entsteht.

Was mir abschließend zu diesem Thema noch sehr wichtig ist:

Bitte lass dich nicht zu sehr von anderen Menschen beeinflussen. Wenn dir eine Farbe gut gefällt, dann trage sie bitte auch. Noch wichtiger als die passende Farbe zum Typ ist ein wertiges Material und der gutsitzende Schnitt deiner Kleidung. Ein günstiger, unförmiger Pullover in der „typgerechten Farbe“ ist immer noch ein günstiger, unförmiger Pullover. Eine schön fließende Seidenbluse in einem Farbton, der nicht auf deiner Farbkarte steht, ist immer noch eine schön fließende Seidenbluse.

7. „Bin ich zu alt dafür?“

Hast du dir diese Frage schon einmal gestellt? Und wann fangen wir Frauen damit an, uns selbst diese Frage zu stellen? Ich habe gerade ein wenig in meinen Unterlagen recherchiert und bin auf eine E-Mail gestoßen, in der eine liebe Kundin sich wünscht, mit Ende 30 altersentsprechend gekleidet zu sein. Das ist – zum Glück – eine Ausnahme, die meisten Nachrichten dieser Art erreichen mich von Frauen zwischen 50 und 60 Jahren.

Die Styling-Polizei wird dich nicht verhaften!

Um es direkt vorab zu sagen: Sei nicht so streng mit dir. Selbst wenn du an einem Tag modisch danebengreifen solltest, die Mode-Polizei wird dich nicht abholen und verhaften. Erlaubt ist doch, was gefällt, oder?

Lass uns etwas genauer hinschauen. Es gibt ja viele Kleidungsstücke, die in jedem Alter gut funktionieren, seien es Jeanshosen, langärmlige Oberteile und Co. Doch was ist zum Beispiel mit der Rocklänge? Coco Chanel soll damals behauptet haben: Das hässlichste Teil eines Frauenkörpers seien die Knie. Ich persönlich unterschreibe dies nicht pauschal. Es gibt ja auch noch die netten „Winkeärmchen“, den „Muffinspeck“ oder andere amüsante Bezeichnungen für Körperregionen, die Frau ab einem gewissen Alter am liebsten verschwinden lassen möchte. Genau da kommen wir der Sache näher. In erster Linie sollest du dich in deiner Kleidung wohlfühlen, und zwar immer!

Deswegen hier ein Tipp: Immer dort, wo ein Kleidungsstück endet, ist der Blick. Das bedeutet, wenn du deine Knie nicht zeigen magst, achte darauf, dass der Rock/das Kleid diese Stelle bedeckt. Oder – was sich im Herbst natürlich wunderbar anbietet – trage blickdichte Strumpfhosen. Dazu noch eine Stiefellette oder ein Paar Pumps in derselben Farbe und schon ist das „Problem“ gelöst. Denn gerade den kleineren Frauen, zu denen ich mich auch zähle, steht ein kürzerer Rock sehr gut. Ich finde nur, dass ein Minirock irgendwann nicht mehr schön aussieht. Wann bestimmst du bitte selbst, denn eine Frau kann sich bereits ab 45 damit unwohl fühlen, während die nächste ihn auch mit 60 noch mit Begeisterung trägt.

Schauen wir noch auf andere Kleidungsstücke. Unvorteilhaft wäre es, wenn die Oberarme kaschiert werden sollen und du ein Top ohne Ärmel trägst oder das T-Shirt in der Mitte des Oberarms endet. Warum? Weil der Blick dann genau auf der „stärksten“ Stelle ruht.

Eine weitere Möglichkeit, von den Oberarmen abzulenken, ist, ein Kleid oder Oberteil zu wählen, das an der Oberseite vom Oberarm einen Schlitz hat und die Rückseite vom Unterarm mit Stoff umspielt. Somit blitzt ein wenig Haut hervor und die „Winkeärmchen“ fallen überhaupt nicht auf.

„Meine Lieblingsfarben sind: schwarz, dunkelschwarz, mittelschwarz und hellschwarz“

Genug von Dingen, die nicht so gut funktionieren. Worauf solltest du achten, damit du dich gut fühlst, auch wenn du schon länger jung bist? Bei den Farben, die du nah am Gesicht trägst, lohnt es sich, einen kleinen Wirkungscheck zu machen. Schwarz entzieht den meisten Menschen, die hellere Haut haben, Farbe und verstärkt somit die Fältchen. Oft sehen wir müder aus, wenn wir einen schwarzen Pulli (oder die Männer ein Hemd) tragen. Deswegen ist sinnvoll zu testen, was andere Farben mit dir machen. Gerade hellere, weichere Töne können die Haut frischer aussehen lassen. Gehe einfach mal an den Schrank und halte dir verschiedene Farbtöne an dein Gesicht.

Ach ja, ich meine damit bitte kein „beige“. Hier ein Appell an alle Ehepaare, die gern im Partnerlook von Kopf bis Fuß in beige gekleidet durchs Leben gehen: Hände weg von diesen Ton-in-Ton-Kombinationen. Wie würde Guido sagen? „Das tut nichts für euch.“ Also Mut zur Farbe. Gerade im Alter sollten sich die Frauen und Männer aus meiner Sicht mehr trauen.

Greta Silver und Co. machen es vor, die sogenannten Best bzw. Silver Ager legen modetechnisch eine ganze Schippe drauf. Dank Pinterest und Co. lassen sich heute kinderleicht wunderbare Beispiele von Frauen finden, die bis ins hohe Alter die Lust an Mode in die Welt tragen.

Raus aus der Schublade

Zu Beginn meiner Selbstständigkeit kam Gudrun zur Image- und Outfitberatung in mein Studio. Darin ist auch eine ausführliche Farbberatung enthalten. Da ich immer genau wissen möchte, warum eine Kundin zu mir kommt und was sie gerade umtreibt, hatte ich bereits im Vorfeld in Erfahrung gebracht, dass sie vor wenigen Wochen in den Ruhestand gegangen war. Als ehemalige Chefsekretärin eines großen Unternehmens strahlte sie von der ersten

Sekunde an Kompetenz und Selbstbewusstsein aus. Nie wäre ich auf die Idee gekommen, dass sie sich in puncto Farbe so unsicher war.

Sie erzählte mir, dass sie vor vielen Jahrzehnten bereits eine Farbberatung gemacht hätte. Mit den damals empfohlenen Herbsttönen sei sie auch einverstanden gewesen. Doch seit ihrem Übergang in die Rente wolle sie sich mehr trauen und weg von ihren Standardtönen. Eine Farbe käme ihr dabei besonders in den Sinn: Lila. Doch sie traue sich nicht an sie heran, da ihr damals gesagt worden sei, dass ihr dieser Ton nicht stehen würde. Ich hörte ihr geduldig zu und wusste nach wenigen Sätzen, dass sie diese Farbe bald mit Freude tragen würde.

Bei der Farbberatung schaue ich immer auf drei Komponenten: die Haarfarbe, die Augenfarbe und die Hautfarbe. Gudruns Haare hatten ein warmes Schokobraun, die Augen leuchteten in einem warmen und kräftigen Grünton und ihre Hautfarbe lag im Mischbereich zwischen warm und kalt. Da ich mit einem Farbsystem arbeite, das 9 Typen aufweist, konnte ich Gudrun ganz schnell eine Erweiterung ihrer bisherigen Farbwelt zeigen. Ich machte ihr im Grunde ein weiteres Fenster auf. Wir machten eine Analyse und fanden heraus, dass ihr sowohl die dunklen, warmen Farbtöne (Herbst) stehen, allerdings auch die Mischung aus warmen und kalten Farben. Und jetzt rate mal, welche Farbe auf der zusätzlichen Karte zu finden war? Ja, genau, u. a. Lila.

Letzten Endes möchte ich jeder Frau, egal in welchem Alter, Mut machen, sich zu trauen. Wenn du unsicher bist, suche dir Frauen, die bereits das umsetzen, was du auch gern tun möchtest. Das kann eine Schauspielerin sein oder jemand, der in den sozialen Medien regelmäßig Outfitbilder hochlädt. Wenn dies noch nicht deine Welt ist, lohnt es sich, hier über den Tellerrand zu schauen. Mehr dazu findest du in der Kleiderschrank-Challenge.

Denk immer daran: Du wirst nie allen Menschen gefallen. Der Wunsch danach ist eine Falle, die unser wahres Potenzial zurückhält. Spüre mal in dich hinein und frage dich:

Was wünschst du dir wirklich für deine Outfits?

Warum sollte dich dein Alter davon abhalten?

Und viel wichtiger: Wer wärst du, wenn dir dein Alter egal wäre?

8. Erfolg beginnt vor dem Kleiderschrank

Du wirst nach deiner Kleidung empfangen und verabschiedet nach deinen Worten.

Chinesisches Sprichwort

Warum ist die Kleidung so wichtig?

Innerhalb von Millisekunden entscheiden wir darüber, ob uns eine Person sympathisch oder unsympathisch ist. Während dieses Wimpernschlags haben wir die Möglichkeit, mit unserem Äußeren – der Kleidung, der Frisur, dem Make-up und natürlich auch unserer Körperhaltung – zu punkten.

Zeigen möchte dir dies anhand von einem Beispiel:
Bitte schaue dir das Bild von dieser Frau genau an. Blättere erst weiter, wenn du die Fragen, die daneben stehen, für dich beantwortet hast.

Beispiel 1:

Was macht diese Frau von Beruf?

Ist sie Führungskraft oder Mitarbeiterin?

Lebt sie auf dem Land oder in der Stadt?

Beispiel 2:

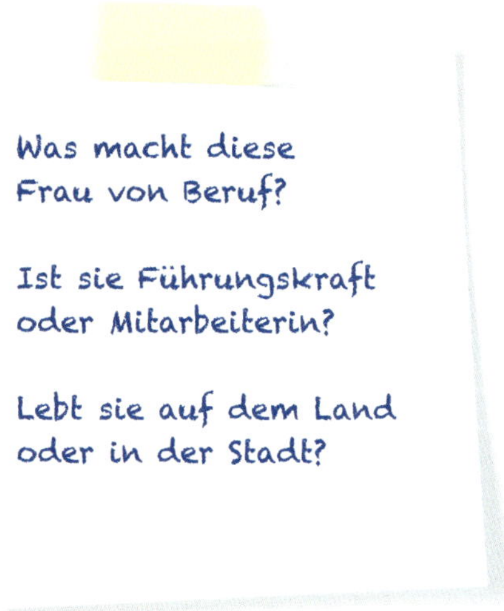

Jeder von uns hat Ideen und bewertet, auch wenn wir vielleicht sagen: „Ich mache das nicht." Wir sehen eine Person und verbinden mit ihrem Aussehen automatisch Eigenschaften, Lebensumstände, den IQ und vieles mehr.

An dieser Stelle löse ich es gerne auf. Auf beiden Bildern ist die wunderbare Elin Hanna Klumb zu sehen. Sie ist Inneneinrichterin und berät Privatpersonen und Firmen bei der Gestaltung ihrer Räumlichkeiten. Mein Studio und Ankleidezimmmer habe ich vertrauensvoll in Elins Hände gegeben.

Was hat die Beratung bei ihr bewirkt?

Sie wollte sich wohler bei ihrer Outfitwahl fühlen. Nicht verkleidet sein, sondern ihre Lebensfreude auch äußerlich zeigen. Sie ist sehr kreativ, Halbdänin, mag Farben und näht selbst. Besonders toll fand ich die Veränderung der Haarfarbe. Das zeigt für mich Mut und Selbstbewusstsein, was sie ohne Frage hat. Interessanterweise wurde sie nach der Imageberatung und dem Kleiderschrank-Check gar nicht explizit auf die neue Haarfarbe angesprochen, sondern ihr Umfeld spiegelte ihr wider, dass sie so frisch aussähe.

Ein persönliches Statement von Elin.
Rückblick nach 7 Jahren.

Jeden Tag wohlfühlen – das ist einfach ein fantastisches Gefühl.
Ich habe mich so danach gesehnt, eine Linie in meinen Outfits zu haben und in wirklich jeder Situation das Passende in meinem Kleiderschrank parat zu haben. Ein ganz besonderes Anliegen war es, meine Figur so in Szene zu setzen, dass ich auch mit 20 Kilo mehr fantastisch aussehen darf!

Carola hat mir das nötige Handwerkszeug mit auf den Weg gegeben, sodass ich nun mit den Farbkarten gezielt einkaufen gehe und mir keine Fehlkäufe mehr leiste. Richtig gut finde ich auch die Schnitttechnik – also was steht mir als große Frau, was darf ich lieber meiden? Als Markenzeichen hat Carola meine roten Haare wieder aktiviert. Damit fühle ich mich so wohl, und alle glauben, dass es meine echte Haarfarbe ist. Das freut mich besonders.

Ich bewundere immer wieder, wie Carola aus jedem eine so glückliche und in sich stimmige Persönlichkeit kreiert. Meine Begeisterung teile ich immer wieder gerne, da ich schon über sieben Jahre davon profitiere, und immer wieder tolle Komplimente für meinen Style bekomme. Ob ich schlaftrunken mein Kind zur Schule bringe, im Garten, beim Job und im Geschäft bin, ich fühle mich immer passend und stylisch gekleidet. Für dieses tolle Gefühl danke ich dir, liebe Carola, von ganzem Herzen!

Elin Hanna Klumb

Vorher / Nachher

Wenn du nicht besser als deine Konkurentinnen sein kannst, dann ziehe dich wenigstens besser an. *Anna Wintour*

Die zwei wichtigsten Fragen bei der Zusammenstellung eines **Business-Outfits** sind für mich:

1. Welche Termine habe ich an dem Tag – wer ist also mein Gesprächspartner?

2. Wie möchte ich wirken?

Anhand meiner Antworten auf diese Fragen stelle ich mir mein Outfit zusammen.

Wenn es besonders wichtige Termine sind, überlege ich mir schon Tage vorher, was ich tragen werde. Das hat den Vorteil, dass ich schauen kann, ob z. B. alle Knöpfe am Blazer sind oder noch schnell etwas in die Reinigung muss. Manchmal habe ich auch die passende Strumpfhose nicht parat und hole sie noch schnell.

Tipp: Wenn es sehr feine Strumpfhosen sind, z. B. von Falke, dann trage ich beim Anziehen Baumwollhandschuhe (aus der Drogerie). So vermeide ich, dass durch eine kleine Stelle am Fingernagel oder der Haut das feine Material irreparabel einreißt.

Mir gibt es Sicherheit, wenn ich mein Outfit spätestens am Abend vorher rauslege. Das ist ein kleiner Tick von mir, ich gebe es zu. Allerdings beruhigt es mich innerlich und warum soll ich es dann nicht machen? Es gibt ja auch Menschen, die können erst morgens sagen, wie sie sich an dem Tag fühlen und was sie tragen möchten. Bei wichtigen Terminen rate ich allerdings dringend dazu, sich vorher schon Gedanken zu machen, damit es morgens nicht zu stressig wird, sondern du entspannt starten kannst.

Das Thema „Dresscode“ verschwindet immer mehr vom Radar. Selbst in konservativen Kreisen lockert sich die Krawatten-Pflicht. Es ist oft kein „Muss“ mehr, einen kompletten Anzug zu tragen. Aus meiner Erfahrung kann ich sagen, dass „Business-Casual“ sehr oft passend ist. Das liegt natürlich immer am Umfeld und den Gesprächspartnern.

Wenn du deine Outfits auch beruflich auf den Prüfstand stellen möchtest, habe ich dir hier ein paar typische Herausforderungen mitgebracht, die mir bereits über den Weg gelaufen sind.

Spiegelt dein Kleiderschrank deine Karrierestufe wider?

Wenn der Schrank noch die Kleidung aus der Studienzeit beherbergt, du dich jedoch auf die Funktion der Abteilungsleiterin bewirbst, dann wird es höchste Zeit, auszumisten.

Ich kann mich noch sehr gut an einen Kleiderschrank-Einsatz erinnern. Es ging darum, zwei Outfits für das Bewerbungsgespräch zusammenzustellen. Meine Kundin Isabell hatte sich vor Kurzem einen schlichten Hosenanzug und eine Bluse zugelegt, die ihr gut standen. Im Grunde hätte ich, als ich die Sachen gesehen hatte, wieder gehen können. Doch als wir gemeinsam in den Schrank guckten, wurde mir klar, dass ich an dem Tag ein wenig länger bleiben würde.

Denn Isabell wollte sich von den Sachen von H&M und Co. aus ihrer Studienzeit nicht trennen, denn sie passten ja alle noch. Da hatte sie recht. Ihre Figur hatte sich nicht verändert, auch wenn 15 Jahre dazwischen lagen. Doch ihr Leben hatte sich verändert, ihre Erfahrungen, die vielen Stunden im Büro, die erfolgreichen Projekte, und jetzt bewarb sie sich auf die erste Führungsposition!

Ihr Schrank rief: „Ich bin eine Studentin!“
Ihr Leben rief: „Komm und nimm die nächste Karrierestufe!“

Meine Beobachtung erschien ihr durchaus logisch. Doch praktisch wollte sich Isabell partout nicht von ihren Sachen trennen. (Deshalb rate ich ja auch dazu, alle Sachen anzuprobieren, bei denen du dir unsicher bist.) Isabell war skeptisch. Letzen Endes konnte ich sie aber doch dazu bewegen, nein, *überreden* ist das richtige Wort, in das Studentinnen-Outfit zu steigen. Sie drehte sich vor dem Spiegel hin und her, schwelgte in Erinnerungen an die schöne Studienzeit und die damaligen Komplimente ihrer Kommilitonen. Das Schlagwort ist hier „damaligen“. Diese Zeit war super, aber sie war vorbei!

Danach ließ ich sie ihr neu gekauftes Bewerbungsoutfit anziehen und stellte sie wieder vor den Spiegel. Jetzt fragte ich sie: „Wie fühlst du dich darin?“

„Kompetent und sicher“, kam prompt zurück.

Aha, da lag der Hase im Pfeffer – oder besser noch: „Erfolg beginnt vor dem Kleiderschrank.“ So fiel bei Isabell der Groschen, dass es Zeit war, diese Dinge gehen zu lassen, auch wenn es ihr schwerfiel. Was blieb, war ein relativ leerer Kleiderschrank mit viel Platz für Neues – auch im Job. Denn kurz darauf fand das Bewerbungsgespräch statt und Isabell ist nun Abteilungsleiterin.

Welche Stücke aus der Vergangenheit können bei dir aussortiert werden?
Bist du bereit für Neues?

Warum wirke ich auf andere unnahbar?

Neulich im Seminar fragte mich eine Teilnehmerin, was sie machen könne, damit sie nicht mehr so unnahbar auf andere wirke. Das hätten ihr nämlich schon einige Kolleginnen und Kollegen gesagt.

Bei der Farbberatung stellten wir fest, dass ihr kühle Töne gut stehen, sie allerdings etwas heller als bisher sein durften. Die helleren Töne nah am Gesicht haben ihrem Ausdruck mehr Offenheit gegeben. Wenn du auch schon mal als „unnahbar“ oder Ähnliches bezeichnet worden bist, überprüfe doch einmal die Farben, die du häufig trägst.

Es kann natürlich auch an einer dominanten Brille liegen oder wenn du Gesichtszüge hast, die kantiger sind. Hier helfen ein Brillengestell in helleren oder wärmeren Tönen oder Kontaktlinsen. Zudem ein Termin bei der Make-up-Beratung. Die Frisur spielt natürlich auch eine Rolle. Diesem Thema widme ich mich im nächsten Kapitel. An diesen Stellschrauben kannst du mal nach Herz und Laune drehen und schauen, wie sich deine Wirkung verändert.

Außerdem spielen deine Stimme und Körperhaltung mit in dieses Thema rein. Ich kann sehr empfehlen, ein Seminar in diesem Bereich zu besuchen. Mir hat es auch sehr bei meiner Schüchternheit und Sprechangst geholfen.

Warum werde ich bei Besprechungen nicht ernst genommen?

Diese Frage höre ich immer mal wieder von Frauen, die in Männerdomänen arbeiten. Ein paar Dinge, die mir dazu spontan einfallen, sind: Wie ist deine Körperhaltung, wenn du den Raum betrittst? Was denkst du über dich selbst und deine Fähigkeiten in den Meetings?

Ich kenne es, wenn ich mich gedanklich klein mache. Wir Frauen sind leider oft selbst unser größter Kritiker. Daher ist das Thema „Mindset“ ein weiterer Faktor, der mir in meiner Entwicklung sehr geholfen hat. Ich weiß, wo meine Glaubenssätze, wie z. B. „Ich kann das nicht“, „Ich bin nicht gut genug“ oder „ich darf mich nicht in den Vordergrund drängen“, herkommen. Ich kann jeder Frau nur empfehlen, sich damit auseinanderzusetzen und ggf. Beratung in Anspruch zu nehmen.

Beim Äußeren kannst du schauen, welche optischen Details an dir „Mädchen“ rufen. Das kann die Blümchenbluse sein oder der verspielte Bubikragen. Es können die zu zarten Farben sein, die du bei diesen Terminen anhast. Rosa sollte in dieser Situation außen vor bleiben. Du kannst auch hier wieder auf Brille und Frisur schauen. Das, was im vorherigen Beispiel dominant wirkt, kann dir hier in die Karten spielen. Frag mal deinen Friseur und ggf.

Optiker nach Ideen! Wenn du bislang keine Brille trägst und du sie auch nicht benötigst, kannst du aus Spaß trotzdem zum Optiker gehen und eine Brille mit Fensterglas ausprobieren. Diese kannst du als Stilmittel für bestimmte Termine einsetzen.

Nimm auf jeden Fall einen guten Platz ein, wenn du dich hinsetzt. Ich würde mich hier nicht grundsätzlich gegen Kleider aussprechen. Probiere einfach mal aus, ob du dich besser im Kleid oder in einer Hose fühlst. Du solltest auf jeden Fall guten Bodenkontakt haben und auch unter dem Tisch deine Beine so hinstellen, dass du jeder Zeit aufstehen könntest. Zudem habe ich gelernt, dass es für das Stressmanagement wichtig ist, die Schultern bewusst loszulassen. Das kannst du gut, wenn du bewusst ausatmest. Ich sage mir immer kurz bevor ich in solche Besprechungen gehe oder einen Vortrag halte: „Ich bin gut. Die Leute hören mir zu. Ich habe eine wichtige Botschaft und bin es wert, sie zu äußern. Ich bin mutig. Ich werde gehört."

Schau mal, welcher Satz für dich passt und dich mental unterstützen kann. Hier kann auch ein Buch oder Seminar unterstützen, wo es um die Schlagfertigkeit geht. Mir fällt da als erstes meine liebe Freundin Nicole Staudinger ein. Sie hat u. a. den SPIEGEL-Bestseller „Schlagfertigkeitsqueen" (Knaur, 2016) geschrieben.

„Nein, ich bin nicht die Praktikantin."

Für zu jung gehalten werden, ja, damit haben manche Frauen ab und zu auch Herausforderungen. Die Frage für mich ist hier: Was hast du an dir, was dich noch jünger wirken lässt?

Auch du darfst mit offenen Augen durch deinen Kleiderschrank gehen. Sind die Farben und Schnitte zu lieb? Ist es deine Frisur, sind es die Wellen im Haar oder der Farbton? Aus meiner Sicht sind hier auch deine Körperhaltung und deine Stimme entscheidend. Es gibt wunderbare Trainer in diesem Bereich, z. B. Dr. Reni Berg aus Darmstadt (eine Frau, die meinen Selbstwert sehr gesteigert hat) oder Anita Hoffmann aus Münster, um nur zwei zu nennen, die ich persönlich kenne.

„Typisch Lehrerin!"

Manchmal bekomme ich ein ganz anderes Problem zu hören: „Für mich als Pädagogin sind Hosenanzüge, weiße Blusen und Blazer ein Graus. Denn ich bin nicht die ‚strenge Lehrerin'. Wie kann ich diesen – meist ersten – Eindruck verändern? Später höre ich oft: „Das hätte ich ja gar nicht von dir gedacht, dass du so spontan/lustig sein kannst ..."

In dieser Situation würde ich schauen, wie ich es mit meinen Outfits schaffe, Vertrauen und Nahbarkeit aufzubauen. Natürlich auch gepaart mit einer Prise Vorbildfunktion, denn du bist als Lehrerin oder Professorin ja keine Freundin. Auch hier ist wieder das Gesamtbild entscheidend und es ist eine Typsache. In diesem Fall würde ich mir das Gesicht, die Brille und Frisur anschauen. Wenn du dieses Problem hast und dadurch streng wirkst, könntest du dir nur den Blazer als „Business"-Stilmittel schnappen und auch fest in deine Garderobe integrieren. Für die restlichen Stücke empfehle ich: Shirts, Jeans, Sneaker und Co.

Auf der Arbeit trage ich Kittel, doch es gibt auch ein Privatleben …

Auch aus Bereichen, in denen man Berufskleidung trägt, kriege ich Hilferufe. Meistens geht den Frauen hier das Modegespür verloren, da sie erfahrungsgemäß viel arbeiten und somit einen Großteil ihres Lebens in ihrer Arbeitskleidung verbringen. Ich kann nur empfehlen, es erst einmal als Geschenk anzusehen, denn euch bleibt viel ratlose Zeit vor dem Kleiderschrank erspart. Das „Ich-habe-nichts-anzuziehen"-Gefühl kennt ihr nur aus der Freizeit.

Aber Spaß beiseite. Dadurch, dass du die meiste Zeit in der Berufskleidung steckst, kann es sein, dass du den Anschluss an die aktuelle Mode verpasst hast. Hier empfehle ich dir, regelmäßig einen Schaufensterbummel zu machen, wenn die Geschäfte geschlossen haben. Die Dekorateurinnen sind Profis und dort kannst du genau sehen, wie derzeit was kombiniert wird. Zudem kannst du dir beim Friseur oder anderen Terminen, die manchmal mit Wartezeit verbunden sind, in folgenden Magazinen Inspirationen holen: BRIGITTE, Instyle, Guido Magazin und Co. Zudem lohnt sich zum Thema Mindset ein Blick in die „EMOTION – Das Frauenmagazin".

Wenn du eher digital unterwegs bist, dann suche dir auf Instagram oder Pinterest Profile von Frauen, deren Stil dir gut gefällt. Heutzutage ist so leicht, sich zu informieren, wobei es gleichzeitig auch eine wahre Flut an Bildern geworden ist. Überlege in Ruhe, was dich von den Ideen anspricht. Du kannst natürlich auch in die Lookbooks der Modehersteller schauen. Sie sind entweder auf deren Website zu finden oder liegen in den Geschäften aus und dürfen mitgenommen werden. Dort findest du viele Outfitkombinationen.

Laut einer Studie verbringen Frauen pro Tag durchschnittlich 17 Minuten vor dem Kleiderschrank. Hochgerechnet 65 Stunden im Jahr, also 2,7 Tage! Quelle: Freundin Online

Immer wieder werde ich gefragt: „Carola, was braucht jede Frau im Kleiderschrank?"

Ich gebe zu, ich mag diese Frage nicht bzw. finde es schwer, sie pauschal zu beantworten. Jede Frau ist anders – ihr Beruf, ihr Körper, ihre Persönlichkeit, ihre Wirkung und Co. Am liebsten würde ich dir als Leserin eine ganz persönliche „Basic-Übersicht" erstellen. Da wir ja gerade im geschäftlichen Umfeld unterwegs sind, habe ich 8 Teile herausgesucht, die zu einer Basisgarderobe gehören könnten.

8 Basics, die dich im Berufsleben unterstützen

1. Dunkelblauer oder schwarzer Blazer

Eine gute Passform ist hier entscheidend. Den meisten Frauen schmeichelt er, wenn er leicht antailliert ist – es sei denn, du bist von der Körperform her eher androgyn, dann nimm einen geraden Schnitt. Am besten schnappst du dir eine Fachverkäuferin, die dich berät. Wenn du in einem Bekleidungsgeschäft nicht fündig wirst, lohnt sich die Investition in einen Maßkonfektionisten. Aber Achtung: Schau dir vorab die Bewertungen an, damit du dein Geld gut investierst. Auf den nächsten Seiten schreibe ich noch einen kleinen Erfahrungsbericht dazu.

Gibt es Alternativen?

Nein, eine Strickjacke wird nie an die Wirkung eines Blazers herankommen. Du kannst dir für mehr Bequemlichkeit ein Modell aus Jersey oder mit Elasthan-Anteil holen, das gibt mehr Bewegungsfreiheit.

2. Fließendes Shirt (Schluse)

Wähle hier ein helleres Oberteil, das leicht über deinen Oberkörper fällt. Im Idealfall mit einem Seidenanteil und Baumwolle. Manche Shirts sind vorne leicht glänzend und im Rückenpart aus Baumwolle. Hier lohnt sich mal ein Besuch in einem größeren Kaufhaus, da du dort viel Auswahl findest.

Gibt es Alternativen?

Ja, einige! Die klassische weiße Bluse, die ja durch die verschiedenen Kragenformen auch Abwechslung bieten kann. Ein gutsitzendes T-Shirt ist auch denkbar. Es zaubert dann direkt mehr Modernität in den Look, ruft allerdings nicht „Business", da der Ursprung das Unterhemd ist.

3. Schlichte Jeans mit höherem Bund

Eine Jeans, die keine Waschungen und auffällige Applikationen wie große Knöpfe, Pailletten und Steinchen hat. Dieses Teil macht Sinn, wenn es keine konservative Kleiderordnung in deinem Job gibt. Für „Business-Casual" ist sie, gerade in Kombi mit dem Blazer, gut geeignet.

Farben: blau, grau, schwarz.

Marken: Cambio, Raffaello Rossi (gerade für Stoffhosen), NYDJ (wenn du ein bisschen kaschieren möchtest), Closed (cooler Klassiker)

Gibt es Alternativen?

Ja, die schlichte Stoffhose, wenn es schicker sein soll. Es gibt ja unzählige Hosenformen. Probiere am besten verschiedene Modelle in einer richtigen Hosenabteilung mit viel Auswahl an. Oder die weibliche Variante: ein klassischer Bleistiftrock.

4. Kleid

Hier kannst du deine Portion Weiblichkeit in den Beruf einbringen. Als Basic sollte es in einem Uni-Ton sein, dann kannst du es mit Schmuck und Schuhen umstylen. Konservative Business-Kleider findest du z. B. bei Hugo Boss, Max Mara und Co. Das ist dann die höhere Kategorie. Im guten Mittelfeld kannst du bei Hallhuber, Comma und Boden direct schauen.

Schöne Passformen für Kleider, die legerer sein dürfen, hat z. B. auch TAIFUN. Das ist mein persönlicher Underdog, oder Rich & Royal.

Gibt es Alternativen?

Nein, es gibt so viele Kleiderformen, für dich ist auch die richtige auf dem Markt. Sei mutig und probiere dich durch. Klassisches Etuikleid, feminines Wickelkleid, burschikoses Hemdblusenkleid, A-Linie für Frauen, die ein wenig Bauch wegzaubern möchten und und und.

5. Pumps
Aus Veloursleder, passend zur Jeansfarbe. Hast du eine Bluejeans, dann nimm auch blaue Schuhe, da du damit deine Beine streckst. Die größte Auswahl gibt es bei Zumnorde, auch im eigenen Onlineshop. Im Idealfall lässt du dich vom dortigen Fachpersonal beraten – und denk an die Schuhspanner.

Gibt es Alternativen?

Oh ja ... so viele!!! Wenn du Pumps nicht magst oder sie dich beim Tragen schmerzen, dann probiere mal Lack-Schnürer aus, gern auch mit einer leichten Plateausohle. Die Stiefelette ist ebenfalls immer eine Option; darin hast du einen besseren Halt. Schlichte Sneaker sind auch möglich, wenn es sportlicher zugehen darf.

6. Schmuck
Zu jedem Outfit gehören für mich ein paar Ohrringe und eine Kette. Hier empfehle ich, dir mehr als ein Paar zuzulegen. Das können Creolen sein oder kleine Stecker in Kugelform. Dein hiesiger Juwelier wird für jedes Budget eine schöne Auswahl parat haben. Versuche lokal zu kaufen, wenn es möglich ist.

Gibt es Alternativen?

Nein, ich finde dezente Schmuckstücke im Business – gern auch eine schöne Uhr – einfach essenziell.

7. Tasche
Lege dir eine wertige Tasche zu, die größentechnisch zu deinen Aufgaben im Berufsleben passt. Sehr tolle Business-Modelle hat das Label Maison Hēroïne. Sie sind allerdings auch preisintensiver. Falls du jedoch oft mit dem Laptop unterwegs bist, lohnt sich die Investition. Ansonsten schau dich am besten in dem Lederwarengeschäft deines Vertrauens um. Dort haben sie in der Regel alle gängigen Modelle vorrätig.

Gibt es Alternativen?

Alles im Auto lassen und nur das Handy und den Schlüssel mitnehmen? Das funktioniert wohl nur bei den Männern. Ich kriege das nicht hin.

8. Hosenanzug
Falls du ihn regelmäßig brauchst, sollte ein schlichtes Modell bei dir im Schrank sein. Hugo Boss hat klassische Passformen, die immer verfügbar sind (NOS = never out of stock). Achte darauf, dass du Blazer und Hose auch separat tragen kannst. So ergeben sich viele weitere Outfitkombinationen. Ich würde sie im Schrank auch trennen. Blazer zu den Blazern und Hose zu den anderen Hosen.

Diese schlichten Teile kannst du natürlich mit farbigen Dingen aufpeppen. Für mich gehört in diesem Fall zusätzlich ein weißer Blazer in den Schrank oder auch einer in hellblau oder gelb, wenn er dir gefällt. Das sind dann jedoch Stücke, die mehr ins Auge fallen und dich sichtbarer machen. Die Frage lautet immer: Wo stehst du gerade und was brauchst du im Schrank, damit du mehr Kombis herausfischen kannst?

Gibt es Alternativen?

Ja, das Kostüm. Bewahre bitte auch in diesem Fall beide Teile getrennt voneinander auf, damit du auch getrennt voneinander kombinierst.

Gut zu wissen: Vermeide Stücke aus reinem Polyester. Auch wenn du nicht viel schwitzt, riechen sie schnell nach Schweiß.

Nachhaltige Labels, die auch Business-Kleidung anbieten

Gotsutsumu ist das erste Label für Businessmode, die vollständig GOTS-zertifiziert ist. Folgende Anbieter haben sich der Nachhaltigkeit verschrieben, sind allerdings eher im legeren Bereich unterwegs: LANIUS, Lana, Hess Natur und Co. Aber große Modemarken bieten langsam auch Kollektionen an, die nachhaltig sind. Es ist noch ein langer Weg dahin. Deswegen ist das Thema „Shoppen im eigenen Schrank" sehr wichtig, damit wir neu kombinieren und nur wenig und sehr ausgewählt dazukaufen. Vielleicht magst du auch mal im guten Second-Hand-Geschäft nach passender Businessmode schauen.

Maßkonfektion für Frauen?

Meine Erfahrungen mit Maßkonfektion driften ziemlich auseinander. Die meisten dieser Versuche sind nicht geglückt. Das hing damit zusammen, dass ein Maßkonfektionist in den meisten Fällen auf Männer spezialisiert ist. Da Frauenkörper einfach ganz anders sind und die meisten Frauen auch nicht jeden Tag einen kompletten Hosenanzug tragen, rate ich davon ab, ihn dort zu bestellen. Gerade die Brustpartie wird bei tollen Rundungen zum Problem.

Auf dem Markt gibt es jedoch natürlich auch Schneiderinnen und Schneider, die ausschließlich Frauen beraten. Solltest du dir also einen Hosenanzug zulegen wollen, der perfekt auf dich abgestimmt ist, studiere genau die Erfahrungsberichte ihrer Kunden.

Zur Maßkonfektion ist im Allgemeinen noch zu sagen, dass sie vor allem dann sinnvoll für dich ist, wenn du eine Figur hast, mit der es schwer für dich ist, in normalen Geschäften etwas Passendes zu finden. Vielleicht bist du relativ klein oder überdurchschnittlich groß, dann ist ein Schneider, der dich und deine Maße kennt, ein Dreamteam. In der Maßkonfektion wird übrigens nicht alles auf den Leib geschneidert, sondern es gibt Standardschnitte, die für deinen Körper angepasst werden.

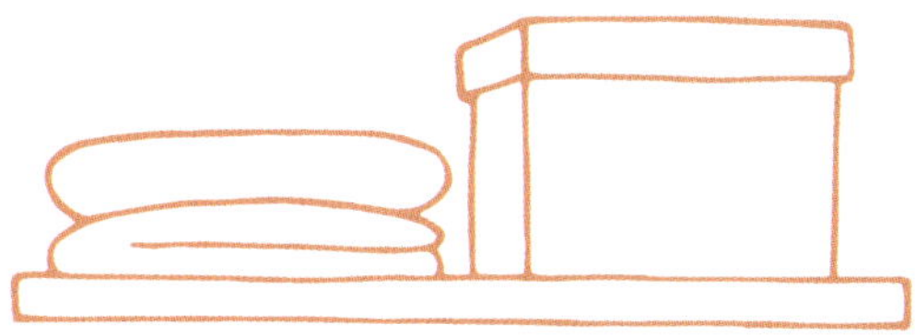

9. Der Kopf guckt immer raus

„Invest in your hair. It´s the only crown you never take off."

Quelle unbekannt

Eines vorweg: Ich habe eine Käppi, auf der steht: „Bad hair, don´t care." An einem Bad-Hair-Tag interessiert mich nicht, wie meine Haare aussehen. Ich setze einfach die Käppi auf und verberge sie auf diese Weise. So einfach ist es vielleicht mal im Urlaub, wenn ich einen Tag auf der Couch verbringe oder mit meinem Bearded Collie Espresso unterwegs bin.

In diesem Kapitel möchte ich dir zeigen, wie wichtig es ist, nicht nur auf die Kleidung und das Make-up, sondern auch auf die Frisur Wert zu legen bzw. sich intensiver damit zu beschäftigen. Das schönste Kleid büßt an Wirkung ein, wenn die Haare wie Spaghetti vom Kopf hängen. Ja, es ist leider so. Ich wünschte, ich hätte bessere Neuigkeiten, doch wenn du weißt, was du tust, kannst du tun, was du willst.

Hand aufs Herz: Wie viel Zeit planst du morgens für deine Haare ein?

Welche Frisur steht wem?
Und welche Auswirkungen hat das auf meine Ausstrahlung?

Kennst du das Gefühl, du möchtest etwas an deinen Haaren ändern und traust dich nicht?

Meine Kundin Sarah hatte ihre Haare noch nie gefärbt und wollte eine Veränderung, da sie gerade dabei war, ihr Studium zu beenden. Sie wünschte sich mehr Sichtbarkeit. Spontan kam ich auf die Idee, ihr einen Naturfriseur zu empfehlen, den ich schon seit vielen Jahren kannte. Aus ihrem relativ unscheinbaren Mittelblond wurde ein strahlendes Kupferrot. Es bildete einen wunderbaren Kontrast zu ihren blauen Augen.

Warum schickte ich sie zum Naturfriseur? Weil sie zuvor noch nie die Haare gefärbt hatte und ich ihr die Chemie nicht empfehlen wollte. Es sollte kein zu plakativer Rot-Ton werden, sondern ein natürlich wirkender. Der Vorteil bei Naturfarbe ist, dass die Farbe sich sanft über jede Haarsträhne legt. Du kannst es dir so vorstellen wie bei einem Ast. Wenn die Farbe rausgewaschen ist, ist die Farbe zu sehen, allerdings auch die feine Maserung des Astes. Ob du die Farbe verträgst, kannst du am besten vorher in der Armbeuge austesten.

Die gute Nachricht: Für jede Frau, die sich dunklere Haare wünscht (braun, schwarz, rot), ist die Naturhaarfarbe eine Option. Wenn du allerdings ein paar grauen Haare hast, werden sie nicht komplett abgedeckt. Das ist aus meiner Sicht Geschmackssache.

Die weniger gute Nachricht: (Wahl-)Blondinnen sind hier leider raus. Mit diesen Farben können wir nicht heller färben – sehr schade. Ich habe es ausprobiert und mir war mein Naturton zu langweilig.

Auch ich hatte vor ein paar Jahren eine Phase, in der ich mir eine Veränderung gewünscht habe. In dieser Zeit traf ich mich in lockerer Runde mit anderen Frauen aus meinem Stylistinnen-Netzwerk. Beim Austausch legte Astrid Rudolph uns Frisurenvorschläge für uns selbst vor.

Als ich auf das Foto vor mir sah, setzte mein Herz einen Schlag aus: Ich schaute auf ein Bild von Sienna Miller mit einer Kurzhaarfrisur. Zu diesem Zeitpunkt hatte ich lange, blonde Haare. Was meinst du, wie es mir ging? Schlecht trifft es ziemlich genau. Denn bei mir ging das Kopfkino los: Warum soll ich mich als Typberaterin komplett verändern? Bin ich nicht gut so, wie ich bin? Das hatte gesessen. Ich grübelte den ganzen Abend und war in meinem Gedankenkarussell gefangen.

Als ich am nächsten Morgen aufwachte, schrieb ich meiner Coachingkollegin Sandra aus Münster. Per WhatsApp schickte ich ihr das Kurzhaarfrisurenbild und fragte: „Soll ich mir die Haare abschneiden lassen?" Zurück kam: „Wie fühlst du dich, wenn die Haare ab sind?" Gute Frage, dachte ich.

Ich nahm mir ein paar Minuten und setzte mich ruhig hin. Stellte mir vor, wie es wäre, wenn ich den Schritt wagen würde. Die Antwort aus meinem Inneren kam prompt: Wenn ich mir die Haare abschneiden lasse, bin ich mutiger und selbstbewusster.

Ich dachte mir: Das hört sich gut an! Die Unsicherheit verschwand und Neugier machte sich breit. Dass ich extra nach Bonn zu Astrids Friseur „Giorgios" fuhr, wirst du als Frau verstehen. Sind ja nur 200 Kilometer ...

Was ist danach bei mir passiert, was hat sich verändert?

Ich kann dir nur sagen, dass ich zuvor in meiner Selbstständigkeit mit einem Ruderboot unterwegs war und danach auf ein Speedboat umgestiegen bin. Es ist so viel passiert; so viele Frauen, die ich begleiten durfte, so viele tolle Projekte, und ich habe mich endlich getraut, Vorträge und Seminare zu halten.

Das wäre für mich vorher undenkbar gewesen. Die Frisurveränderung hat mir einen super Schub gegeben. Parallel habe ich eine Ausbildung zum NLP Practitioner beim DVNLP gemacht und konnte mir so über meine Ziele sehr intensiv Gedanken machen, auch über das, was mich bislang davon abhielt.

Naja, und dann war ich einmal auf den Geschmack gekommen. Hier noch ein paar Frisurinspirationen:

2013 – 2021

War jetzt eine Frisur besonders gut oder besser für mich?

Bei meinen Vorträgen merke ich, dass es Favoriten gibt. Für mich zählt, dass ich mich mit jeder Frisur wohlgefühlt habe und auch alles seine Zeit hat. Die Halle-Berry-Kurzhaarfrisur wäre derzeit nichts mehr für mich. An dem Tag, als das Foto aufgenommen wurde, war es passend. Wir verändern uns ja ständig und so haben es in den letzten Jahren auch meine Haare getan.

Warum ich diesem Thema ein ganzes Kapitel widme, wirst du jetzt verstehen. Lass dich einfach von deinem Friseur beraten. Manchmal hilft es auch, sich eine zweite Meinung einzuholen. Jeder Mensch sieht dich wieder anders. Erzähl deinem Friseur, wie viel Zeit du dir zum Stylen nehmen möchtest. Sag ihm, wie dein Tagesablauf ist, was du beruflich machst, wie du wirken möchtest, ob du weiblicher, strenger oder jünger aussehen möchtest. Bei vielen Wünschen kann dich die Frisur unterstützen, und wenn du unsicher bist, frage dich: *Wie fühle ich mich mit ... blonden Haaren, kurzen oder langen Haaren, mit oder ohne Pony?* Ich freue mich auf dein Vorher-Nachher-Bild.

Nach diesem persönlichen Einblick möchte ich dir ein paar **Orientierungshilfen für mögliche Frisuren** geben:

Das macht optisch jünger: blond, Pony, Zopf.

Das macht weiblicher: blond, Locken, Wellen, längere Haare.

Das macht optisch dominanter / selbstbewusster: dunkle Haarfarben (schwarz und dunkelbraun), Haare aus dem Gesicht frisiert, z. B. streng zurückgenommen mit Gel.

Das lässt dich burschikoser, sportlicher wirken: Kurzhaarfrisur.

Natürlich spielen auch deine Figur, Kleidungsstil und nicht zuletzt deine Persönlichkeit eine große Rolle bei deiner Ausstrahlung. Setze dich deshalb mal in Ruhe hin und überlege für dich, ob deine Frisur dich gerade optimal unterstützt. Dein Friseur ist dein bester Sparringspartner für neue Ideen, wenn du dir eine Veränderung wünschst.

Natürlich grau – Ja oder Nein?

Das, meine Liebe, ist Typsache, und solltest du für dich entscheiden. Ich finde, es gibt so wunderschöne Frauen mit grauen Haaren, die eine faszinierende Ausstrahlung haben. Sie tragen die grauen bzw. weißen Haare ganz selbstbewusst und mit einer Selbstverständlichkeit. Auch die Stilikone Iris Apfel steht dazu und sieht bezaubernd aus. Die wunderbare Helen Mirren macht es vor und auch die Queen, Elizabeth II. Sie ist übrigens ein Vorbild für alle Best Ager, was Mut zu Farbe angeht – einfach grandios! Ich persönlich mag auch Frauen, die lange, graue Haare haben. So wie das Model Eveline Hall.

Abschließend möchte ich sagen, dass graue Haare eine Frau natürlich nicht jünger wirken lassen. Sie haben jedoch eine Aura um sich, die durch keine gefärbte Haarfarbe der Welt möglich ist.

„Meine Zahnärztin sagt, ich brauche eine Krone – endlich jemand, der mich versteht."

Hand aufs Herz: Wie oft gehst du zur Zahnreinigung? Meine Freundin Dr. Sabrina Wegenast empfiehlt, zweimal im Jahr vorbeizukommen. Das hat den Vorteil, dass größeren Baustellen vorgebeugt werden kann.

Hast du vielleicht Angst vorm Zahnarzt? Es gibt Praxen, die z. B. mit Lachgas arbeiten und die Behandlungsmethoden werden im Vergleich zu früher immer schonender.

Ein Kunde von mir hatte alles umgesetzt, was ich ihm empfohlen hatte. Wir sortierten seinen Kleiderschrank um, misteten ordentlich aus und waren zusammen einkaufen gewesen. Auch zum Friseur war er gegangen, doch seine Zähne waren einfach nicht in Ordnung. Nachdem wir uns über einige Monate immer mal wiedergesehen hatten und outfittechnisch alles super war, fasste ich mir ein Herz und sagte: „Michael, nun habe ich alles in meiner Macht Stehende getan. Wenn du eine neue Frau kennenlernen möchtest, musst du zum Zahnarzt gehen."

Er gestand mir, unglaubliche Angst davor zu haben. Seit über 10 Jahren war er bereits nicht mehr dort gewesen. Ich blieb jedoch hartnäckig und ging so weit, ihm einen Termin bei meinem Zahnarzt zu machen, da ich wusste, er konnte gut mit Angstpatienten umgehen. Zwei bis drei Besuche später war Michael nicht mehr wiederzuerkennen. Er konnte wieder ungehemmt lächeln und so wurde die Partnersuche auch um einiges leichter.

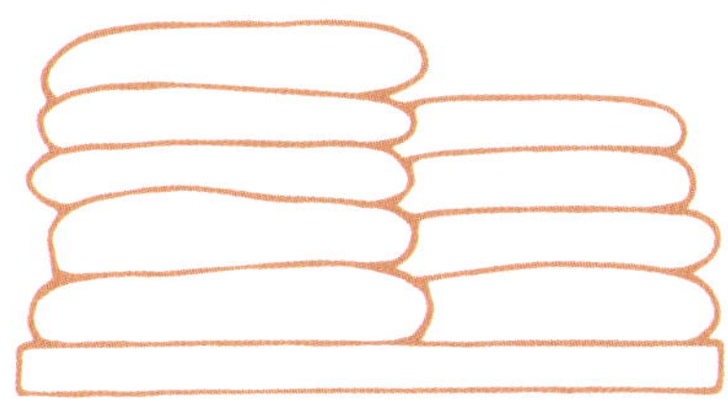

10. Minenfelder im Kleiderschrank entschärfen

Meine Oma sagte immer: „Je schlechter es dir geht, desto besser ziehe dich an!" Doch was ist, wenn der Übeltäter noch im Kleiderschrank weilt?

Ja, es hat einen Grund, warum ich bei den Kleiderschrank-Checks nicht selbst die Initiative ergreife und die Stücke rausnehme. Es ist das Hoheitsgebiet meiner Kunden, und wie du dir denken kannst, steht er oft im Allerheiligstem – dem Schlafzimmer. Das mir entgegengebrachte Vertrauen ist groß und ganz oft spielt eine Portion Unsicherheit und auch Angst mit, wenn wir zur Tat schreiten. Denn wer trennt sich schon gern und ohne emotionale Verbundenheit von Dingen, die seit Wochen, Monaten oder auch Jahren im Schrank hängen? Sie haben alle etwas gekostet. Die einen Teile mehr, die anderen weniger. Doch darauf möchte ich gar nicht hinaus. Was manche Stücke für die Frau bedeuten, höre ich bei den Geschichten, die sie mir erzählen.

Als die Idee zu diesem Buch konkreter wurde, wusste ich, dass ich von meinem ganz persönlichen Minenfeld berichten werde. Bei mir im Schrank hingen vor einiger Zeit noch ein gestreiftes Kleid in blau-weiß mit einer kleinen Kordel für den Bauchbereich, ein fließendes Shirt in rosa und eines in hellblau. Auch zwei neue Jeanshosen hatte ich mir zugelegt und noch extra kürzen lassen, da sie obenrum passten, jedoch an den Beinen zu lang waren. Es waren keine normalen Kleidungsstücke, sondern es war Umstandsmode. Ich war schwanger und bereits nach einigen Wochen wuchs mein Bauch und die engen Jeans zwickten. Somit beschloss ich, mich im Sale eines Spezialgeschäfts ein klein wenig einzudecken. Ich wusste, es war noch ein bisschen früh, doch in den anderen Hosen fühlte ich mich nicht mehr wohl.

Die Hosen trug ich von da an fast jeden Tag. Meine Kleider machten die Körperveränderung natürlich ohne Probleme mit, somit blieben die zwei Shirts für die darauffolgenden Monate erwartungsvoll im Schrank hängen. Doch dann verlor ich unser Baby in der 11. Woche.

Die Hosen und das Umstandskleid habe ich einige Monate später sorgsam in einen Karton gepackt. Die beiden Shirts hingen noch längere Zeit an der Seite in meinem Ankleidezimmer. Ich brachte es nicht übers Herz, sie wegzuhängen, denn ich glaubte daran, dass ich wieder schwanger werden würde.

Jetzt kann man darüber diskutieren, ob sie bis zur nächsten Schwangerschaft lieber in den Karton und aus dem Sichtfeld wandern sollten, doch diese Frage darf nur ich für mich beantworten.

Nachdem weitere Wochen und Monate ins Land gegangen waren, räumte ich auch diese Shirts in einen Karton, was mir absolut nicht leichtfiel. Doch im Frühjahr dieses Jahres durfte ich die Stücke wieder rausholen, da ich nach 2 Jahren wieder schwanger geworden war. Das war für mich emotional eine Achterbahnfahrt zwischen „alle Frauen werden schwanger, nur ich nicht“ und „es wird schon noch klappen“.

Wenn du gerade einen Kinderwunsch hast, weiß ich genau, wie es sich anfühlt und ich wünsche dir von Herzen, dass der Wunsch ganz schnell Wirklichkeit wird. Du bist nicht allein. Ich kann aus dieser Erfahrung berichten, dass es mir letztlich gut getan hat, die Stücke erst einmal aus meinem täglichen Sichtfeld zu nehmen, ohne sie wegzugeben.

Überleg mal, ob du kleine oder große Minenfelder in deinem Schrank hast.

Falls du geschieden bist, könnte der Ehering von deinem Ex ein sehr kleines, aber entscheidendes Mosaikteilchen sein, das aussortiert werden sollte. Doch sollte es wirklich aussortiert werden?

Für mich ist wichtig, dass du dich gut mit der Entscheidung fühlst. Ich kenne Frauen, die ihren Ring in Zahlung gegeben haben. Ich kenne Frauen, die ihn zusammen mit dem Erbschmuck der Oma beim Juwelier einschmelzen ließen. So entstand etwas Neues daraus – mal ein Ring, mal ein Kettenhänger, mal ein schönes Paar Ohrringe. Manche dieser neuen Schmuckstücke werden täglich, manche ab und zu getragen. Und für das Hochzeitskleid gibt es z. B. Second-Hand-Geschäfte, die darauf spezialisiert sind. Oder möchtest du deine Tochter irgendwann in dem Kleid vor dem Altar stehen sehen? *It´s up to you.*

Würdest du dich gern von Dingen trennen und schaffst es allein nicht, weil es dich zu traurig macht? Dann suche dir Unterstützung bei einer Freundin oder Therapeutin, die dich bei diesem Schritt begleiten kann. Unser Kleiderschrank ist voll von Leben und das dürfen wir ernst nehmen. Loslassen kann sehr schwerfallen, das weiß ich aus Erfahrung. Spür mal in dich hinein, wer dir helfen könnte. Du brauchst es nicht allein zu schaffen.

Die viel erwähnten *Ziel- oder Hoffnungshosen* möchte ich hier auch noch einmal in Erinnerung rufen. Besitzt du immer noch welche? Wann hast du sie dir gekauft? Vor den Kindern?

Alles hat seine Zeit und wenn sie jetzt nicht mehr passen, sollten sie gehen. Das weißt du ja mittlerweile. Wenn du wirklich abnehmen möchtest, dann lege zwei zur Seite und notiere dir einen festen Termin in deinen Kalender. Wenn du dein Abnehmziel bis dahin nicht erreicht hast, kommen sie weg.

Vielleicht musst du bei manchem, was du bisher gelesen hast, auch an deinen Partner denken. Was aus meiner Sicht wirklich „altbacken" aussieht, sind Männer, die Hemden oder Anzüge tragen, die von der Schnittführung her nicht mehr zeitgemäß sind. Fange bitte jedoch nicht mit der Kleiderschrank-Diät bei deinem Partner an, denn das wird höchstwahrscheinlich im Streit enden. Wenn du an dir selbst arbeitest, wird das höchstwahrscheinlich ganz ohne Worte Kreise ziehen. Dazu eine kleine Geschichte aus eigener Erfahrung:

Ich wollte vor einigen Jahren auch die alten Anzüge von meinem Mann aussortieren. Er weigerte sich strikt und sagte, die wären alle noch gut. „Schau mal hier einer von BOSS und hier einer von JOOP. Die haben viel gekostet und da ist nichts dran."

Ich schüttelte den Kopf und fing bei mir an, das Ankleidezimmer umzuräumen. Als er das Ergebnis sah, fragte er mich, ob ich das bei ihm auch machen könnte. Ich ließ ihn noch ein paar Tage zappeln und merkte dann, dass er es wirklich wollte. Seine alten Anzüge wollte er aber immer noch nicht gehen lassen. Mit viel Überredungskunst brachte ich ihn dazu, einen anzuprobieren. Als er reinschlüpfte, erschrak er sehr, weil er ihm viel zu weit und unförmig geworden war.

Der Satz, der übrigens immer hilft, ist: „Du kannst den Anzug weiterhin anziehen, wenn du 10 Jahre älter aussehen möchtest."

Auf einmal konnte ich gar nicht so schnell schauen, wie die Anzüge auf den „Aussortierstapel" geflogen sind. Ach ja, wenn das bei uns Frauen auch mal so leicht wäre ...

Es kommt auch immer mal wieder vor, dass sich Frauen bei mir melden, die sich gerade getrennt haben. Sollte der Trennungsgrund eine neue Frau im Leben des Ex-Mannes sein, kann es passieren, dass das Selbstbewusstsein angekratzt ist. Ich sage hier bewusst: Es *kann* sein. Ein Imagewechsel kann in diesem Fall ein kleines Wunder bewirken. Als ich mir die Haare abgeschnitten habe, wurde ich oft gefragt, ob ich mich getrennt hätte. Dies war nicht der Fall, doch die Frisur ist generell eine Möglichkeit „alte Zöpfe" abzuschneiden.

Da wir ja zum Glück alle unterschiedlich sind und mit so einer Situation auch alle anders umgehen, würde ich empfehlen, eine Bestandsaufnahme zu machen. Gibt es Kleidungsstücke, die du mit deiner aufgelösten Beziehung verbindest? Dann solltest du dich davon trennen. So ein bewusstes Loslassen kann für den Start in den neuen Lebensabschnitt sehr befreiend sein. Wenn es allein zu schwer ist, hole dir eine gute Freundin oder Beraterin dazu, die emotional ganz neutral an die Sache rangeht.

Wenn diese Kleidungsstücke alle woanders untergebracht sind, ist schon mal wieder Platz für Neues. Nimm dir Zeit, dich zu fragen:

Wie kleide ich mich derzeit? Bin ich zu 100 % zufrieden?
Oder möchte ich meinen Stil verändern?

Wenn ja, erstell dir doch ein Moodboard auf Pinterest oder eine Collage aus Zeitschriften mit Outfits, die dir gefallen. Das sind aus meiner Sicht zwei tolle Schritte, um frischen Wind reinzubringen und sich inspirieren zu lassen. Und dann hab Spaß beim *Shoppen auf Rezept!*

11. Und wie mache ich das so?

Wie sieht mein Kleiderschrank aus?

Wenn ich ihn in einem Satz beschreiben soll, fällt es mir sehr leicht: „I don´t have time for basics.“ Ja, ich habe keine Zeit für Basicstücke. Schlichte Shirts, bei denen nichts passiert, rufen nicht nach mir. Ich liebe Details, Farben, Muster, Materialmix und Co. Wenn andere sagen würden: „Das ist mir zu auffällig“, würde ich wahrscheinlich sagen: „Es ist genau richtig.“

Das heißt übrigens nicht, dass ich keine schlichten Dinge für meine Kundinnen heraussuchen kann. Als gute Personal Shopperin schaue ich natürlich, was die Frau braucht, die ich berate, und nicht, was ich selbst schön finde.

Mein Schrank bzw. mein Ankleidezimmer ist sehr bunt gemischt. Ich liebe Kleider in allen Varianten, weil sie so wunderbar leicht zu kombinieren sind und meine Weiblichkeit unterstreichen. Es ist mir übrigens egal, wenn Leute mich im Supermarkt anschauen, weil ich mit Pailletten-Uggs einkaufen gehe. Für mich sind extrovertierte Outfits normal. Das war nicht immer so, das habe ich mir erarbeitet.

Hier ein paar Fakten:

Lieblingskleidungsstück: eine Collegejacke von Moschino

Lieblings-Ohrringe: Statement-Ohrringe von „Goldknopf”

Lieblings-Kette: Statement-Kette „hello“ in Gelb von Goldmeise

Lieblingsjeans: Closed Skinny Pusher

Lieblingspullover: Strickpullover von Karin Rocke

Lieblingskleidermarke: TAIFUN

Über mich:

Größe: 1,60 m

Konfektionsgröße: 36

Schuhgröße: 38

Wie gehe ich einkaufen?

Mein Einkaufsverhalten hat sich nach meiner Ausbildung zur Image- und Outfitberaterin verändert. Ich gehe selten bummeln, da mir die Zeit fehlt, und das ist ja als Unternehmerin schon einmal gut. Am liebsten kaufe ich für mich ein, wenn ich im Urlaub oder auf einem Städtekurztrip bin.

Ich mag Dinge, die außergewöhnlich sind und nicht jede hat. Deswegen liebe ich es, in London oder Amsterdam einzukaufen. Ich mag kleine Boutiquen, wo die Inhaberin selbst im Geschäft ist und ihre Begeisterung für Mode auf die Kundinnen überschwappt. Früh entdeckte ich auch die Liebe zu Second-Hand-Kleidung. Besonders Flohmärkte haben es mir angetan. Ich habe vielleicht 10 % aus meinem Schrank dort gekauft, doch es sind für mich besondere Stücke. Sie tragen ein kleines Geheimnis in sich, da ich ja nicht weiß, wem sie zuvor gehört haben.

Wenn ich dann in einem Laden bin, habe ich einen Scannerblick für mich entwickelt. Manchmal sehe ich auch in der Freizeit Sachen, die mich an eine Kundin erinnern und schicke ihr schnell ein Bild davon. Was mir ungemein hilft, ist die Sicherheit, welche Farben mir gut stehen und auch, welche nicht für mich in Frage kommen. Da fallen bei dem Überangebot schon schnell Dinge weg, die ich gar nicht anprobieren würde. Da ich zudem weiß, welche Schnitte mich unterstützen, reicht oft ein Blick und ich entscheide ganz schnell, ob sich der Gang in die Umkleidekabine lohnt. Das heißt für mich, dass ich schneller und sicherer beim Einkaufen geworden bin.

Falls du Lust auf neue Teile im Schrank hast, ziehe einfach Empfehlungen von den Verkäuferinnen an. Mit etwas Glück wird das Stück, das du im Leben nicht selbst angezogen hättest, dein neues Lieblingsteil.

Bloggerinnen, denen ich auf Instagram folge und deren Stil und Persönlichkeit mich inspirieren:

Mode:
@iris.apfel
@petradieners
@eva_bou_
@caterina.pogorzelski.official

Persönlichkeiten:
@bodyimagemovement
@silver.greta
@the_kwien_of_schlagfertigkeit
@__missmimi__

Ernährung:
@viktoria.lauterbach
@naturallygood_by_adaeze
@monica_meier_ivancan

Beauty & Make-up:
@miriam_jacks
@jacksbeautyline
@und_gretel_cosmetics

Ordnung:
@frlordnung
@kaiserplatz_schoneswohnen

Wie du siehst, habe ich ein großes Netzwerk und finde es einfach toll, wenn wir Frauen uns gegenseitig Sichtbarkeit geben.

Meine Beauty-Routine

Morgens habe ich über viele Monate ein Glas Bio-Selleriesaft auf nüchternen Magen getrunken. Diesem Saft werden so viele positive Eigenschaften nachgesagt, dass es einfach nur helfen kann, ihn zu trinken. Für den Stoffwechsel ist es auch super! Ich habe jedoch nicht gesagt, dass er schmeckt ... Mittlerweile trinke ich zwei Gläser Wasser auf nüchternen Magen und nehme Chlorella, Enzyme und Aminosäuren mit einer halben Limette.

Danach mache ich ohne Umwege 10 bis 30 Minuten Yoga. Früher habe ich das immer abends gemacht. Derzeit passt es morgens am besten und ich starte mit einem guten Körpergefühl in den Tag. Tagsüber gehe ich zweimal mit meinem Hund Espresso spazieren. Am Wochenende gehen wir gern in den Wald.

Dann schminke ich mich und mache meine Haare. Das dauert insgesamt ca. 30 Minuten, wenn ich Termine habe und/oder live auf Instagram bin. Es gibt auch Tage, wo ich mich gar nicht schminke. Allerdings fühle ich mich wohler, wenn ich wenigstens ein 5-Minuten-Make-up auflege (Puder, Wimperntusche, Augenbrauenmascara, Rouge und Lipgloss).

Hier gibt es übrigens kein Patentrezept. Viele meiner Kundinnen schminken sich nicht oder sehr wenig, wenn sie zu mir kommen. Wenn sie dann mit dem 5-Minuten-Make-up anfangen, sind sie immer überrascht, was für einen tollen Effekt es hat.

Mein Haar-Styling

In Kapitel 9 habe ich ja bereits erklärt, warum es sich lohnt, sich morgens mehr Zeit zum Frisieren zu nehmen. An Tagen mit Terminen raffe ich mich auch auf und widme der Haarpracht mehr Zeit, als mir lieb ist. Wenn ich jedoch fertig bin, fühle ich mich super.

Meine Haare sind von Natur aus fein und platt. Es sind allerdings viele feine Haare und dafür bin ich sehr dankbar. Warum ich weiß, wie ich mit einem Lockenstab und Co. umgehe? Ganz einfach – ich lasse es mir regelmäßig von einem Friseur zeigen. Meine Haarspezialistin Britta hat mir bestätigt, dass das Föhnen meiner Mähne mit Rundbürsten für mich als Laie eine Tortur ist. *Endlich jemand, der mich versteht!*, dachte ich nur. Was kann ich nun als Alternative tun, wenn ich mich nicht jeden Morgen verrenken möchte?

Meine Lösung: Ich verwende seit vielen Jahren das GHD Glätteisen. Ja, richtig gehört. Mit dem Glätteisen kann ich nämlich Locken oder Wellen ins Haare zaubern. Wichtig ist, davor ein Hitzeschutzspray zu verwenden.

Für meinen längeren Bob benötige ich ca. 15 Minuten. Die leichten Wellen bleiben für 1 bis 2 Tage. Es gibt von der Marke viele weitere Modelle. Ich kann dir nur empfehlen, dich in Ruhe beraten zu lassen.

Tipp: Buche dir deinen nächsten Friseurbesuch eine halbe Stunde länger und bitte die Friseurin oder den Friseur des Vertrauens, dir verschiedene Styling-Möglichkeiten zu zeigen. Wenn du Wellen haben möchtest, lass dir genau zeigen, wie du das Glätteisen oder den Lockenstab halten sollst. Evtl. nimmst du das sogar mit dem Handy auf. Dann kannst du zuhause in Ruhe nachschauen. Die nächste Locke machst du dann selbst und sie oder er schaut zu. Es braucht ein wenig Übung. Allerdings lohnt sich der Einsatz wirklich, denn der Kopf guckt immer raus.

Möchtest du keine Locken, sondern deine Haare ein bisschen hochstecken, dann frage einfach danach. Du bist ja beim Experten und die haben immer so viele wunderbare Ideen parat!

Meine derzeitigen Lieblings-Stylingtools sind:

GHD Rise: zaubert Volumen, das zwei Tage hält und ist mit ein wenig Übung sehr leicht anzuwenden.

GHD Curve: macht schöne Wellen, die einen Tag halten und am nächsten Tag schnell aufgefrischt werden können.

Haut & Make-up

Meine Empfehlung ist es, regelmäßig zu einer Kosmetikerin zu gehen. Alle 6-8 Wochen wären wunderbar. Du kannst dies direkt auch als kleine Oase im Alltag in deinem Kalender einplanen. Kosmetikerinnen gibt es wie Sand am Meer. Höre dich am besten in deinem Freundeskreis nach Empfehlungen um. Durch meine vielen Umzüge habe ich viele Studios gesehen. Bei meiner Freundin Elke Breddermann fühle ich mich sehr gut aufgehoben. Sie ist nämlich Haut-Expertin. Als Baby hatte ich starke Neurodermitis und habe viele Stunden in Wartezimmern verbracht. Dies zog sich auch durch meine Jugend durch. Wenn es ganz schlimm war, half nur noch Cortison. Jetzt bin ich froh, dass Elke immer eine Idee hat, wenn es meiner Haut mal nicht so gut geht, und nur Produkte verwendet werden, die meiner Haut guttun. Wenn die Haut gut versorgt ist, kann es mit dem **Make-up** weiter gehen.

Du solltest ca. 5-10 Minuten einplanen, wenn du dir ein wenig mehr Frische wünschst. Auch hier rate ich allen Frauen, die sich derzeit wenig bis gar nicht schminken, ein paar einfache Tipps vom Profi einzuholen. Wichtige Essentials: Concealer, eine leicht getönte Tagescréme, ggf. Mineralpuder, Lidschatten, Mascara, Rouge und ein dezenter Lippenstift.

Ganz wichtig sind auch die **Augenbrauen**, denn sie bilden den Rahmen für dein Gesicht. Mittlerweile gibt es ja eigene Browbars – Augenbrauen-Theken –, denn die richtige Form ist entscheidend. Wenn du Lücken oder nur wenig Augenbrauen hast, lohnt es sich, über das Pigmentieren nachzudenken. Doch Achtung, gerade hier ist Vorsicht geboten. Du brauchst gute Referenzen, um einen Experten in dem Bereich zu finden.

Wenn du von den Besten lernen möchtest, findest du auf Instagram viele Anregungen. Im Bereich Make-up ist meine absolute Favoritin Miriam Jacks. Sie ist Beauty-Expertin und Gründerin von JACKS beauty line. Du kannst dir unendlich viele Make-up-Tutorials mit Miriam anschauen. Oft hat sie auch Gäste in ihrem Instagram Live und gibt Schminktipps. Du findest auf ihrem zweiten Kanal @miriam_jacks sogar zwei Videos von uns beiden, u. a. ein „Kleiderschrank-Detox".

Wie stelle ich mir ein Outfit zusammen?

Wenn ich mir überlege, was ich anziehen möchte, läuft in meinem Kopf ein automatischer Mechanismus ab. Ich überlege zuerst, mit wem und wo ich den Tag verbringe, wie sehr ich mich körperlich bewegen werde und wie ich wirken möchte.

Mir fällt dann immer ein Kleidungsstück dazu ein. Das kann ein Kleid, Shirt, Schuh oder auch ein Ohrring sein. Bei allem, was ich dazu kombiniere, richte ich mich nach den Styling-Regeln für kleinere Frauen. Im Herbst oder Winter wähle ich meist einfach ein Kleid, eine blickdichte Strumpfhose in schwarz oder blau und den farblich passenden Schuh, damit ich größer wirke. Natürlich noch ein paar Ohrringe plus Tasche dazu und fertig bin ich.

Die 3 Schlüssel zum Lieblingsoutfit:

**1. Welche Termine habe ich?
Wie möchte ich wirken?**

**2. Suche ein „Keypiece" aus.
Das kann z. B. ein Kleid, eine Jacke oder ein Accessoire sein.**

**3. Kreiere deinen kompletten Look.
(Inspirationsquellen: Instagram, Pinterest, Lookbooks)**

Manchmal habe ich sehr unterschiedliche Termine an einem Tag. Dann nehme ich ein komplettes Wechseloutfit mit. Ab und zu reicht es auch, wenn ich nur die Accessoires wie Schmuck und Schuhe tausche. Im Büro kannst du dir am besten immer ein Ersatzpaar in den Schrank stellen und ggf. einen schlichten Blazer bereitlegen – zum Überwerfen, wenn ein unerwarteter Termin reinkommt.

Tipp für die Urlaubsreise: Wenn du bei deiner Outfitauswahl darauf achtest, dass du Farben einpackst, die gut untereinander harmonieren, kannst du blitzschnell tolle Kombinationen zaubern. Im Sommerurlaub liebe ich Kleider, weil ich damit immer schnell und gut angezogen bin. Tagsüber werfe ich mir eine hellblaue Jeansjacke über und abends trage ich einen weißen Blazer dazu. Außerdem packe ich Unterwäsche, Bikinis, Socken und Co. in kleine Beutel oder Wäschenetze, damit im Koffer nichts verrutscht und ich schnell ein- und ausräumen kann. Ich habe mir extra kleine Taschen (also ein Kofferordnungssystem) aus recycelter Fallschirmplane nähen lassen. Sie begleiten mich bei jeder Reise und sind herrlich unkompliziert.

Ich habe übrigens immer einen Koffer dabei, den ich in der Mitte erweitern kann, damit meine Sachen nicht zerdrückt werden. Damit ich ihn bequem schiebe kann, hat er 4 Rollen. Seidenpapier sorgt dafür, dass empfindliche Dinge nicht knittern, und wenn ich länger unterwegs bin, nehme ich sogar einen Steamer mit, der die Kleidung schnell wiederauffrischt. In den meisten Hotels kannst du dir allerdings auch vom Housekeeping ein Bügeleisen bringen lassen.

Meine Looks peppe ich natürlich mit verschiedenen Ohrringen auf. So habe ich mit einer anderen Lippenstiftfarbe und neuen Ohrringen immer wieder ein neues Outfitgefühl. Der große Schal darf auch nicht fehlen, gerade wenn es abends mal kalt wird oder ich im Zug bzw. Flugzeug friere.

Meine Bücher Top 7:

Becoming. Meine Geschichte von Michelle Obama (Goldmann, 2018)

Fünf Dinge, die Sterbende am meisten bedauern von Bronnie Ware (Goldmann, 2015)

Ich sein – Mut zum Ich. Der Rhetorik-Roman von Dr. Reni Berg (ikotes, 2012)

Schlagfertigkeitsqueen von Nicole Staudinger (Knaur, 2016)

Besser aufräumen, freier leben von Fräulein Ordnung (Christian Verlag GmbH, 2019)

Stil ist keine Frage des Alters von Iris Apfel (Midas Collection, 2019)

Den Himmel gibt's echt von Lynn Vincent (SCM Hänssler, 2011)

Bonus:

DIE KLEIDERSCHRANK-CHALLENGE

Diese Challenge habe ich speziell für uns Frauen entwickelt.

In meiner Facebook-Gruppe klagten viele Mitglieder über einen viel zu vollen Kleiderschrank und so wurde die Idee für die Challenge geboren. Die Idee, dass jede Frau einen Schrank verdient, der sie glücklich macht und zu ihrem jetzigen Leben passt.

Bislang haben hunderte von Frauen mitgemacht und es ist sogar ein Online-Programm mit über 180 Minuten Videomaterial entstanden:

www.carola-nahnsen.de/kleiderschrank-challenge/

In diesem Buch habe ich dir als Bonus die Inhalte der Challenge mitgebracht und du kannst sie Stück für Stück für dich umsetzen. Sie fasst kompakt zusammen, was ich dir in den vorherigen 11 Kapiteln vermittelt habe. Wiederholungen sind also nicht nur möglich, sondern auch gewollt. Ich freue mich jetzt schon auf deine Rückmeldung.

Und wenn du denkst: *Dafür habe ich keine Zeit,* dann frag dich, wer die wichtigste Person in deinem Leben ist. Sobald es dir gut geht, profitiert auch dein gesamtes Umfeld davon, und nach dem Lesen dieses Buches weißt du, dass Kleidung viel mehr ist als eine Hülle.

Ganz viel Freude.

Deine Carola

Deine Investition in dein neues Ich

Du wirst staunen, wie sehr jeder Tag der Kleiderschrank-Challenge nicht nur deinen Schrank, sondern auch dich verändern wird! Lass dich jetzt auf dieses kleine, persönliche Abenteuer ein und entdecke gemeinsam mit mir die Frau, die wirklich in dir steckt!

Melde dich gleich zur kostenfreien Facebook-Gruppe
„Outfit-Check – Was sagt Carola dazu“ an:
https://www.facebook.com/groups/196351985114412.

Hol dir Feedback von anderen Frauen in einer sehr wertschätzenden Atmosphäre und teile deine Erfolge mit uns!

Du darfst natürlich auch ganz für dich durch diese 21 Tage gehen und wenn du magst nur in der Gruppe mitlesen.

Das oberste Ziel der Challenge lautet: Dein Kleiderschrank enthält nur noch Lieblingsstücke.

Wie viel Zeit sollte ich täglich investieren?

Jeden Tag bekommst du eine Aufgabe. Für die Umsetzung zuhause kann ich die Zeit schlecht kalkulieren, da ich weder dich noch deinen Kleiderschrank kenne. Allerdings habe ich die einzelnen Schritte so aufgeteilt, dass du sie gut schaffen kannst. Wie intensiv du dich mit den Inhalten und ihrer Umsetzung auseinandersetzt, ist völlig dir überlassen. Zwischen 10 und 30 Minuten pro Tag sind für die meisten Tage realistisch.

An Tag 14 kommt dein persönliches „Date mit deinem Kleiderschrank". Hierfür solltest Du etwas mehr Zeit einplanen. Sollte dein Schrank eher einer eigenen Modeboutique ähneln, dauert es entsprechend länger. Reserviere dir also am besten im Vorfeld einen festen Termin dafür.

Wie lange dauert es, bis ich Ergebnisse sehe?

Die ersten Ergebnisse wirst du wahrscheinlich eher spüren als sehen – und zwar schon nach dem ersten Tag. Du wirst anders an dein Erscheinungsbild herangehen, nach anderen Kriterien deine Kleiderwahl treffen, dich öfter fragen, was eigentlich dein Ziel ist. Spätestens nach Tag 21, wenn du alle Schritte durchgeführt hast, ist dein Kleiderschrank wieder dein Freund und du hast neue Lieblingsstücke entdeckt!

Jetzt geht es los!

Die wichtigste Frage lautet:

Was ist das Ziel der Kleiderschrank-Challenge?

Halte auf den folgenden Zeilen fest, wie du dich derzeit fühlst, wenn du in deinen Schrank schaust. Wo wünschst du dir eine positive Veränderung? Wie soll sie aussehen?

Jeder Tag ein Gedanke

Was hat sich positiv verändert?
Was sind deine Erkenntnisse?

Notiere in der folgenden Übersicht in kurzen Stichwörtern oder in einem Satz, was du aus der jeweiligen Tagesaufgabe für dich mitgenommen hast.

Alles ist übrigens richtig! Vielleicht gibt es Tage, die für dich einen besonders großen Stein ins Rollen gebracht haben und andere, die dich bestätigt haben. Schau mal genau hin, wohin dich deine Gedanken tragen. Nach der Challenge hast du dann einen wunderbaren Überblick und kannst dich mit bestimmen Themen noch näher beschäftigen.

Tag 1

Tag 2

Tag 3

Tag 4

Tag 5

Tag 6

Tag 7

Tag 8

Tag 9

Tag 10

Tag 11

Tag 12

Tag 13

Tag 14

Tag 15

Tag 16

Tag 17

Tag 18

Tag 19

Tag 20

Tag 21

Tag 1: Jetzt wird deine Krone aufpoliert.

Herzlich willkommen zu Tag 1 deiner persönlichen Kleiderschrank-Challenge. Ich bin stolz auf dich, dass du dabei bist. Ja, du hast richtig gelesen, heute holen wir die Krone aus dem Schrank.

Eine Krone ist eine kostbare, meist aus Gold und Edelsteinen gearbeitete Kopfzierde vorwiegend christlich-abendländischer Herrscher: Sie ist Ausdruck ihrer Macht und Würde. Quelle: Wikipedia.

Kronen, Diademe oder Kränze hatten früher eine sehr große symbolische Bedeutung, allein deshalb, weil die meisten Menschen nicht lesen und schreiben konnten. Meiner Meinung nach haben wir alle eine Krone verdient, also ein imaginäres Symbol, um unsere wahre Größe zu zeigen. Hört sich mystisch an? Dann legen wir direkt los.

Stell dich bitte jetzt vor deinen Spiegel und denke über folgende Fragen nach:

- Wie wohl fühlst du dich mit deinem Spiegelbild?

- Bist du im Frieden mit deiner Figur, deinem Äußeren?

- Wie fühlst du dich, wenn du morgens aufstehst, dich für den Tag bereit gemacht hast und dann in den Spiegel schaust? Sagst du: „Wow, sehe ich heute wieder gut aus"? Oder ist die Selbstwertkrone etwas verrutscht?

Für **deine erste Aufgabe** benötigst du einen Stuhl, einen Zettel und einen Stift.
Setze dich aufrecht auf den Stuhl. (Zettel und Stift legst du erst mal zur Seite.) Achte darauf, dass du mit beiden Füßen Bodenkontakt hast. Atme tief ein und wieder aus. Lass deine Schultern bewusst los. Schließe die Augen, wenn dir danach ist und du dich so besser konzentrieren kannst.

Jetzt stelle dir vor, wie deine Krone aussieht. Stelle dir vor, dass jede Frau ihre eigene Krone hat und nun siehst du deine vor Augen. Betrachte sie einen Moment. Wie ist sie beschaffen? Ist sie aus Gold, Silber, Weißgold oder einem ganz anderen Material? Ist sie ganz schlicht oder mit Edelsteinen bestückt? Ist deine Krone poliert und glänzt schon von Weitem oder ist sie angelaufen?

BITTE WENDEN

Wo sitzt deine Krone? Mittig auf dem Kopf? Ist sie schräg oder liegt sie auf dem Boden? Spüre dann in dich hinein und wende dich deinem Inneren zu: Wie fühlt es sich an, die Krone zu tragen? Wie ist deine momentane Körperhaltung? Bist du aufgerichtet oder sitzt du gebeugt? Schaust du nach vorne, nach unten oder zur Seite? Es geht hier nicht darum, zu bewerten; schaue dir einfach an, was gerade ist.

Nimm nun Zettel und Stift zur Hand. Zeichne deine Krone auf. Auch, wenn du meinst, du kannst nicht gut zeichnen. Male deine Krone auf, wie sie sich jetzt zeigt.

Dann schließe erneut die Augen und überlege, was deine Krone gerade gebrauchen könnte. Vielleicht möchtest du sie aufpolieren oder Edelsteine einsetzen oder herausnehmen? Es ist im Grunde so, als wenn eine gute Fee kommt und dich fragt: *Was braucht deine Krone, damit sie zu deinem Leben, deiner Haltung und zu deiner Persönlichkeit passt?*

Wenn du sie so verändert hast, wie es für dich in diesem Moment passend ist, kannst du sie auch wieder aufmalen oder dir gedanklich abspeichern.

Zeichne hier deine veränderte Krone auf, wenn du Anpassungen gemacht hast.

Setze deine Krone nun noch einmal bewusst auf und zwar so, dass sie einen sehr guten Sitz hat. Wie verändert sich deine Körperhaltung? Wie fühlst du dich?

Deine Krone ist ab sofort jederzeit für dich verfügbar. Schau mal, wo du sie beim Schlafen ablegst, damit sie morgens direkt griffbereit ist. Neben deinem Bett oder in einer Schublade? Vielleicht liegt sie auch in einer Schachtel?

Setze sie in den nächsten 21 Tagen jeden Morgen auf und nimm die Veränderung wahr. Es kann sein, dass du aufrechter gehst oder selbstbewusster bist. Vielleicht strahlst du auch mehr oder traust dich Dinge, die du dir zuvor nicht zugetraut hast.

Vielleicht fragst du dich, was deine Krone im übertragenen Sinne mit der IST-Situation deines Kleiderschranks zu tun hat. In den letzten Jahren haben mir viele Frauen ihre Kronen beschrieben. Eine Frau sagte z. B.: „Meine Krone ist derzeit auf dem Boden, links neben mir. Sie ist angelaufen."

Hier kann es sein, dass das Thema „Kleiderschrank" vernachlässigt und eher stiefmütterlich behandelt wurde. Der erste Schritt war, diese Krone zu polieren und dann wieder aufzusetzen. Allein dies brachte eine wunderbare Veränderung.

Eine andere Beschreibung lautete etwa so: „Meine Krone ist ganz schlicht und glänzt nicht mehr. Sie sitzt schief auf meinem Kopf und rutscht hin und her."

Dieses Bild löste ein tieferes Verständnis für den Wunsch nach mehr Farbe in den Outfits aus. Diese Krone wurde kurzerhand imaginär mit Edelsteinen bestückt und in der Mitte vom Kopf platziert.

Zu guter Letzt noch ein ganz anderes Beispiel – denk bitte daran, deine Krone kennst nur du und sie ist für dich maßangefertigt.

„Bei mir ist es keine Krone. Es ist ein Diadem, das mit unzähligen Diamanten besetzt ist."

Etwas schüchtern fragte diese Frau mich, ob das auch zählen würde. Und was habe ich wohl gesagt? „Natürlich. Du bist einzigartig, und wenn sich ein Diadem für dich richtig anfühlt, dann ist es genau das Richtige." Setze dir also keine Begrenzungen und erfreue dich an deiner Krone oder deinem Diadem.

Tag 2: Positiver Rückenwind – Wie du dir selbst deine beste Freundin wirst

Bevor ich dir die Aufgabe an Tag 2 verrate, mache bitte deinen Kronen-Check. Hast du sie direkt heute Morgen aufgesetzt? Wenn nicht, hole es bitte jetzt nach.

In meinem Studio im Münsterland berate ich seit vielen Jahren Frauen. Dazu gehört auch immer ein „Figur-Check" im Spiegel. Ich frage die Frauen: „Was möchtest du an deiner Figur kaschieren bzw. optisch zurücktreten lassen?"

Hier die Top 3-Antworten:

1. Ich möchte meinen Bausch kaschieren.

2. Ich möchte, dass meine Oberschenkel schmaler aussehen.

3. Meine Brust soll nicht so im Vordergrund sein.

Wenn ich anschließend frage: „Was findest du schön an deinem Äußeren?", kommt bei 98 % der Frauen erst einmal keine Antwort oder nur ein Schmunzeln. Wir Frauen sind leider oft darauf fokussiert, auf unsere vermeintlichen „Makel" zu schauen.

Meistens fallen den Frauen nach einigem Nachdenken noch ein oder zwei Dinge ein, die sie an sich mögen. Mir ist das zu wenig! Wir sind alle einzigartig und besonders – individuell schön.

Damit auch du lernst, dich auf das Schöne zu konzentrieren, darfst du dir jetzt deinen eigenen Motivationssatz ausdenken, den du dir ab sofort jeden Tag sagen wirst, wenn du in den Spiegel schaust und natürlich besonders morgens, wenn du in den Tag startest.

Es ist wichtig, dass der Satz kurz und leicht zu merken ist. Vor allem darf er ausschließlich positiv und zugewandt formuliert sein. Hier ein paar Beispiele:

Ich bin wunderbar.

Ich bin wertvoll.

Ich bin einzigartig.

Ich bin ein Geschenk.

Ich bin schön.
Ich bin vollkommen.

Sprich diese Sätze einfach einmal aus und spüre, wie es dir damit geht. Es kann sein, dass keiner davon der passende Satz für dich ist. Ich habe sie übrigens nach dem Motto ausgesucht: „Bescheidenheit ist eine Zier, doch weiter kommt man ohne ihr."

Sätze, die du nicht verwenden solltest:

~~Ich bin okay.~~

~~Ich sehe nicht schlecht aus.~~

~~Ich bin ganz zufrieden.~~

~~Ich bin ganz anschaulich.~~

Warum du diese Art von Wortlaut nicht nehmen solltest, wirst du merken, wenn du sie bewusst aussprichst und fühlst, wie sie dein Energielevel beeinflussen.

Probiere so lange aus, bis du deinen Satz gefunden hast und notiere ihn hier für dich:

Tag 3: Ungetüm mit fünf Buchstaben? W-a-a-g-e

Das Thema Gewicht ist allgegenwärtig. Kaum eine Kundin, die ich in den letzten Jahren beraten habe, sagte mir beim gemeinsamen Blick in den Spiegel: „Bei mir ist alles super und ich bin zufrieden mit meinem Gewicht." Ich würde eher sagen, 9 von 10 Frauen hatten den Wunsch, abzunehmen. Neulich lief mir der Begriff „Hoffnungshosen" über den Weg. Der ist sehr passend. „Ich hoffe, dass ich mal wieder in diese Hose passe."

Mir geht es darum, dass du Frieden mit der Waage und deiner jetzigen Konfektionsgröße schließt. Ich habe da schon viel erlebt. Bei einem Umstyling für eine Fernsehsendung schrieb mir eine Kandidatin in den Fragebogen, sie hätte Größe 40/42. Entsprechend hatte ich dann Kleidung bestellt. Am Vorabend der Anprobe flüsterte sie mir nebenbei zu: „Ach, übrigens, mittlerweile habe ich eher eine 42/44, aber das hast du ja bestimmt auf dem Foto gesehen, das ich geschickt hatte ..."

Nein, hatte ich nicht, denn es war ein Schnappschuss in einem dunklen Kleid, und die Dame saß auf einem Stuhl hinter einem Tisch. Nach dieser Begegnung ist mir noch mal mehr deutlich geworden, wie viele Frauen mit ihrem Gewicht hadern. Besagte Kandidatin hatte übrigens eine tolle weibliche Figur, wunderschöne Haare und Haut, und sah einfach toll aus, egal, welche Größe in ihrer Kleidung stand.

Bist du mit deinem aktuellen Gewicht unzufrieden?

Deine heutige Aufgabe lautet: Gehe in dich und frage dich, wie du Frieden mit deinem Gewicht schließen kannst. Am Ende des Lebens wirst du nicht sagen: „Hätte ich doch mal wieder in das Kleid in Größe 40 gepasst!", sondern du denkst hoffentlich an viele schöne Momente z. B. mit deinen Lieben oder an Reisen und besondere Begegnungen mit Menschen, die dein Leben bereichert haben ...

Hier noch zwei Ansätze, um Loslassen zu üben:

1. Aus den Augen, aus dem Sinn: Wenn dich deine Kleidergröße stört, dann schneide sie doch aus den Klamotten heraus.

2. „Liebe Waage, darf ich dir das ‚Tschüss' anbieten?":

Macht es dich glücklich, auf die Waage zu steigen und dein Gewicht in großen schwarzen Buchstaben inklusive Nachkommastelle zu sehen? Wenn deine Antwort Nein lautet, dann hat die Waage nichts mehr bei dir zuhause zu suchen. Sie vermittelt dir ein Gefühl von „Nicht-schlank-genug-Sein"? Dann bist du dafür verantwortlich, sie zu entsorgen!

Tag 4: Frust oder Lust? – Wie viel Glück steckt in deinem Kleiderschrank?

Kurzer Kronen- und Motivationscheck, dann geht es weiter mit Tag 4.

Deine Haltung ist gerade und aufrecht. Dein Motivationssatz sitzt.

Deine Aufgabe für heute lautet: Schaue ganz bewusst in deinen Schrank und teile das, was du siehst, in zwei Kategorien ein: „Was macht mich unglücklich und was macht mich glücklich?"

Du brauchst die Kleidung nicht anziehen. Ich bin mir sicher, wenn du deinen Blick schweifen lässt, werden dir direkt einige Dinge auffallen.

Halte deine Erkenntnisse schriftlich fest.

1. Schreibe Stücke auf, die dich unglücklich machen, und nenne in Klammern dahinter den Grund dafür, z. B. weiße Bluse von XY (passt mir aktuell nicht, da die Knöpfe schon spannen); blaue Jeans von XY (habe ich noch nie angehabt, weil sie zu tief sitzt und der Bauchspeck zu sehen ist); ...

BITTE WENDEN

2. Notiere die Stücke, in denen du dich aktuell richtig gut fühlst. (Auf einer Skala von 1 (miserabel) bis 10 (sensationell) sollten diese Kleidungsstücke eine 8-10 sein.)

Hier ein Beispiel: schwarzer Blazer von XY > ist super kombinierbar und ich fühle mich darin immer gut angezogen

3. Gibt es Kleidungsstücke in deinem Schrank, an denen noch Preisschilder hängen bzw. die du noch nie getragen hast?

Vermerke hier die Zahl:

Tag 5: Wie Kleidung deine Stimmung positiv beeinflussen kann

Wir kennen das alle: Es gibt Tage, da läuft alles wunderbar, und andere Tage, an denen wir mit dem falschen Fuß aufgestanden sind.

Ein Spruch, der mir durch herausfordernde Zeiten geholfen hat, ist: „Je schlechter es dir geht, desto besser ziehe dich an. Sitze im perlenbestickten Ballkleid im Büro."

Gerade an Tagen, an denen es dir nicht so gut geht, kann und wird dich dein Outfit positiv unterstützen, wenn du dir vorher Gedanken dazu machst.

Überlege mal, welches dein Lieblingsoutfit ist.

Woran liegt das? Ist es besonders bequem, hast du es gerade erst gekauft oder bekommst du hin und wieder Komplimente dafür?

Deine heutige Aufgabe lautet: Ziehe heute oder (wenn du dieses Kapitel abends liest) morgen früh eines deiner Lieblingsoutfits an und nimm bewusst wahr, was es mit dir macht. Denke auch daran, ein paar Minuten mehr für die Haare und das Make-up einzuplanen.

Du kannst natürlich auch direkt mit Stufe 2 starten und dir ein Kleidungsstück nehmen, das du eigentlich ein wenig zu schick für den Alltag findest. Die gute Nachricht ist, dass die Modepolizei dich nicht abholen wird, auch wenn du damit ein wenig mehr auffällst.

Tag 6: Erfolg beginnt vor dem Kleiderschrank – Wie unterstützt dich dein Äußeres im Berufsleben?

Im Laufe des Lebens verändert sich natürlich auch unsere Kleidung. Für das erste Bewerbungsgespräch hast du dich vielleicht noch in einen Anzug oder ein Kostüm geworfen. So war es zu meiner Zeit. Heute gibt es jedoch in wenigen Unternehmen einen strikten Dresscode. Die Outfits werden sogar in konservativen Branchen wie in der Bank oder bei den Versicherungen legerer. Ich persönlich finde, dass es ein schmaler Grat zwischen zu lässig und passend gekleidet ist.

Heute geht es darum, dass du dir bewusst(er) wirst, welche Wirkung deine Business-Outfits haben. Was rufen die Kleidungsstücke, die du im Job anziehst? Alles, was wir tragen, hat ein Image und eine Aussage. Jedes Stück wirkt für sich. Von der Frisur bis zum Schuh. Im Folgenden findest du ein paar gängige Beispiele. Es ist immer wichtig, sich zu überlegen, wo ein Kleidungsstück seinen Ursprung hat. Für welchen Zweck wurde es hergestellt?

1. Blazer = Business; die Körperhaltung kann sich positiv verändern.

2. T-Shirt = Freizeit; kombiniert mit einem Blazer und einer Stoffhose oder Jeans, verändert sich das Image in Sekundenschnelle.

3. Sneaker = Freizeit; in Kombination mit Blazer und Jeans wirken Sneaker allerdings auch dynamisch.

4. Jeans = Freizeit; der Ursprung liegt in der „Workwear". Die Hosen wurden für Goldgräber entwickelt, die eine robuste Arbeitshose brauchten. Heute ist „Denim" nicht mehr wegzudenken und in vielen Bereichen auch in der Businesswelt zuhause. Hier kommt es wieder auf die Kombination an. Trage ich z. B. einen Kapuzenpullover, Jeans und Sneaker, sieht das nicht nach Business-Look aus. Es sei denn, ich arbeite für ein Sportkleidungsunternehmen ... Wird die schlichte Jeans mit einem schicken Shirt, einem Blazer und einem Lederschuh getragen, verändert sich die Außenwirkung komplett.

Jetzt hast du dir bestimmt schon überlegt, was bei dir im Schrank hängt. Bei der Business-Mode lohnt es sich, in wertige Stücke zu investieren. Sie unterstreichen deine Fachkompetenz und erleichtern dir den Einstieg in Gespräche mit (Neu-)Kunden – egal, ob in der On- oder Offline Welt.

Deine Aufgabe für heute lautet: Gehe an deinen Schrank und notiere dir kurz in Stichworten, was dir zu deiner aktuellen Business-Garderobe auffällt. Passt sie zu der Wirkung, die du erzielen möchtest?

Gab es Situationen, in denen du dir ein anderes Outfit gewünscht hättest? Wenn ja, warum?

Gab es Momente, wo du dich sehr sicher in deiner Kleidung gefühlt hast? Wenn ja, warum war dies so?

BITTE WENDEN

Du trägst fast immer Berufskleidung? Wie geht es dir auf einer Weihnachtsfeier oder einer Tagung, wenn diese wegfällt?

Tag 7: Mut – Mode – Möglichkeiten: Wie sichtbar bist du wirklich?

Viele Frauen, die zu mir kommen, möchten sich verändern. Die eine mehr, die andere weniger. Für die eine Frau ist es mutig, einen roten Lippenstift zu tragen, und für die andere ist es ein großer Schritt, sich die Haare abschneiden oder umfärben zu lassen.

Doch warum fehlt manchen Frauen der Mut? In den fast zehn Jahren, in denen ich mit dem Thema „Stilberatung“ selbstständig bin, habe ich festgestellt, dass viele sich eine Veränderung wünschen, die allerdings am liebsten nicht wehtun soll. Das ist dann ein bisschen so wie: „Wasch mich, aber mach mich nicht nass.“

Ich kann das sehr gut verstehen. Als ich mir damals die langen Haare zu einem kurzen Bob schneiden ließ, habe ich auch nicht „Juhu“ gerufen. Ein solcher Schritt aus der Komfortzone heraus tut immer erst einmal weh oder ist unangenehm. Natürlich ist es einfacher, zum Altbewährten zu greifen. Wir kennen sie ja gut, unsere Wohlfühlzone, wo z. B. einfach der geliebte schlichte Pulli und die Jeans angezogen wird. So kennt dich ja dein Umfeld und so fällst du nicht auf.

Wenn du allerdings sagst: „Ich möchte mich endlich mal etwas trauen!“, dann möchte ich dich hiermit ganz offiziell dazu ermutigen. Du kannst alles sein, was du dir wünschst. Modetechnisch ist es von meiner Warte relativ leicht, denn du hast die Chance, dich jeden Tag neu zu entscheiden, was du tragen möchtest.

Wie wäre es, wenn du die nächsten Wochen einfach dazu nutzt, dir jeden Abend oder Morgen 5-10 Minuten für deine Outfitwahl zu nehmen?

Was brauchst du gerade jetzt, damit du dich gut und attraktiv fühlst, wenn du in den Spiegel schaust? Selbst, wenn du keine Menschen triffst, empfehle ich dir: Mach dich für dich selbst schick. Schau tagsüber einfach öfter mal in den Spiegel und sage dir: „Ich sehe gut aus“ oder „Ich mag mich“.

Wenn du jetzt denkst: „Was soll das bringen?“, kannst du es alternativ auch mit einem Satz wie: „Sehe ich heute wieder müde aus“ oder „Ich kenn dich nicht, aber wasche dich trotzdem“ versuchen. Unser größter Kritiker sind wir nämlich selbst und du darfst jetzt einfach mal den Schweinehund festbinden und ihm einen Knochen geben.

Deine heutige Aufgabe ist eine kleine „Challenge für dich und deinen Modemut“:

1. Nimm dir 30-60 Minuten Zeit und stelle dich vor deinen Kleiderschrank.

BITTE WENDEN

2. Greife bewusst zu Kleidungsstücken, die du für zu schick für den Alltag hältst (mögliche Stücke: Kleid, Rock, Absatzschuh, Bluse/Oberteil mit Glitzer oder aus einem schönen Material).

3. Kombiniere diese mit anderen Teilen, die du jeden Tag trägst. So entsteht ein schöner Stilbruch.

4. Denke auch an Accessoires wie Ohrringe, Kette und Schuhe, die „für gut" im Schrank stehen.

5. Lege dir jeweils ein komplettes Outfit aufs Bett und mache davon ein Foto.

6. Trau dich in den nächsten Tagen, diese Looks anzuziehen, lächle dich im Spiegel an und entdecke deinen Modemut (wieder) neu.

Hier ein paar Tipps für die Praxis:

Ein schickes Kleid lässt sich zum Beispiel toll mit einer blickdichten Strumpfhose in Schwarz und farblich passenden Stiefeln/Stiefeletten kombinieren.

Ein festliches Oberteil kannst du sehr gut mit einer schönen Jeans und Sneakern tragen. Denk auch an eine Kette oder Ohrringe.

Tag 8: Shopping is my cardio – Augen zu und Karte durch oder wohlüberlegt?

Wie ist es bei dir: Shopping-Lust oder Shoppingfrust?

Bevor wir zu deiner heutigen Aufgabe kommen, möchte ich dir erzählen, warum sich mein Einkaufsverhalten geändert hat.

In meinen Teenagerjahren bin ich fast jede Woche mit meiner Freundin in die Stadt gefahren und habe nach schönen Tops für die Disco geschaut. Ich liebte Spontankäufe und Schnäppchen. Als ich älter wurde, shoppte ich besonders gerne, wenn ich im Urlaub war. Ich kann mich noch gut an eine Reise mit meinem Vater auf der AIDA erinnern. Tagsüber machten wir Stopp in Barcelona und die Ramblas hatten es mir direkt angetan. Ich hatte eine unheimliche Ausdauer und wollte am liebsten in jedes Geschäft. Mein Vater war immer sehr geduldig, doch irgendwann verabschiedete er sich aufs Schiff und ich bummelte fröhlich weiter. So blieb es die nächsten Jahre und mein Vater beschwerte sich bei meiner Mutter, dass ich im Urlaub nur das Shoppen im Kopf hatte. Wenn er gewusst hätte, dass dies einmal meine Berufung wird, hätte er wahrscheinlich laut gelacht.

Nach meiner Ausbildung zur Image- und Outfitberaterin hat sich mein Einkaufsverhalten verändert. Seitdem ich weiß, welche Farben und Schnitte mir stehen, laufe ich anders durch die Geschäfte und surfe anders durch die Onlineshops. Wenn ich die Wahl habe, gehe ich lieber in kleinere Läden und lasse mich inspirieren. Es ist dort viel leichter, eine gute Größenauswahl zu haben und zu sehen, wie die einzelnen Stücke kombiniert werden können.

Mein Auswahlverfahren würde ich wie einen Scanner beschreiben. Ich scanne das Geschäft erst einmal nach Farben und kann so schon Dinge ausschließen, die sich nicht in meine vorhandene Garderobe einfügen. Da ich auch weiß, welche Schnitte mich unterstützen, reicht oft ein Blick und ich entscheide blitzschnell, ob sich der Gang in die Umkleidekabine lohnt. Das heißt für mich, dass ich weniger Zeit brauche und nur noch sehr selten Fehlkäufe mache. Wenn ich ein Stück sehe, überlege ich immer direkt, wie ich es mit der Kleidung aus meinem Schrank kombinieren und zu welcher Gelegenheit ich es gern tragen würde.

Jetzt kommen wir zu dir und deinem Shoppingverhalten. **Deine heutige Aufgabe** besteht darin, die nachfolgenden Fragen zu beantworten:

1. Wie oft gehst du einkaufen?

BITTE WENDEN

2. Wie viel Zeit nimmst du dir, um dich zu entscheiden?

3. Kaufst du viel spontan und belohnst dich vielleicht auch mit Kleidung und Co.?

4. Wie lange hast du Freude an neu erstandenen Dingen?

5. Wie viel Geld gibst du ca. im Monat für Kleidung aus?

6. Wie viel Geld hast du derzeit an Fehlkäufen im Schrank hängen?

7. Gehst du lieber allein einkaufen oder mit Begleitung?

8. Kaufst du immer wieder Stücke, die du im Laden toll fandst und dann zuhause zur Enttäuschung werden? Wenn ja, wie gehst du mit diesen Teilen um? Bringst du sie zurück oder landen sie für Wochen und Monate unbenutzt im Schrank?

9. Was möchtest du gern in puncto Einkaufen ändern? Was würde dich dabei unterstützen?

Tag 9: Dein Alter ist nur eine Zahl – Was wir uns von älteren Frauen abgucken können

In den letzten Jahren haben sich viele Frauen bei mir mit der Frage gemeldet: „Kann ich das in meinem Alter noch anziehen?“ Gefragt haben mich das Frauen von 30 bis 80 Jahren. Das finde ich schon einmal sehr spannend. Darunter waren jungen Frauen, die sich plötzlich nicht mehr sicher waren, ob ihre Outfits noch funktionieren, da sie eine Führungsposition eingenommen hatten. Darunter waren ältere Frauen, die ihre Haare nicht mehr färben wollten, weil sie es leid waren, alle 4 Wochen zum Friseur zu fahren. Oder auch Frauen, deren Körper sich nach einer oder mehreren Schwangerschaften verändert hatte und für die nun alles irgendwie anders war als zuvor.

Was alle Frauen gemeinsam haben, wenn sie sich mit dieser Frage beschäftigen, ist eine gewisse Unsicherheit. Vielleicht fehlt auch ein bisschen die Orientierung. Schließlich gibt es kein Schulfach, in dem wir uns dem Thema „Wirkung, Kleidung und Co.“ widmen.

Die sozialen Medien können hier nicht nur Fluch, sondern auch Segen sein. Mir eröffnet sich darüber eine komplette Welt und ein Zugang zu wunderbaren Frauen, die mich jeden Tag inspirieren. Da spielt für mich das Alter einer Frau keine Rolle, wenn ich ihre Outfits toll finde. Probiere es doch mal aus und suche dir, z. B. bei Instagram, ein paar Frauen heraus, die dir sympathisch sind und deren Stil dir gefällt. Das kann eine Iris Berben, Greta Silver oder wer auch immer sein. Lass dich von ihrer Lebensfreude anstecken und von ihren Looks inspirieren.

Dein Alter ist nur eine Zahl. Meine tiefe Überzeugung ist, dass das Alter keiner Frau und keinem Mann vorgibt, was wir zu tragen haben oder gar nicht mehr tragen dürfen. Es hängt für mich ganz stark von der Persönlichkeit ab. Was für Erfahrungen eine Person gemacht hat. Wo sie wohnt, was sie liebt, was sie ausstrahlen möchte. Das Schöne an der Mode ist, dass du dich jeden Tag neu entscheiden kannst. Du kannst heute das Kleid anziehen und morgen die Jeans oder den Hosenanzug. Trau dich – hier und jetzt –, egal, wie alt du bist.

Deine Aufgabe für heute lautet, dir ein paar Minuten Zeit zu nehmen und dich zu fragen: Hält dich dein Alter davon ab, gewisse Kleidungsstücke zu tragen? Wenn ja, warum?

Welche Frau wärst du, wenn dein Alter für dich keine Bedeutung in Modefragen hätte?

BITTE WENDEN

Tag 10: Ordnung im Schrank – Chaos-Queen oder Erbsenzählerin?

„Ordnung ist das halbe Leben" – ist das wirklich so?

Ich gebe zu, ich gehöre eher zur ersten Kategorie der Chaos-Königinnen. In Windeseile schaffe ich es, mein Ankleidezimmer in das reinste Chaos zu verwandeln. Besonders dann, wenn ich es eilig habe, mich in letzter Minute umentscheide und auf die Suche nach einem passenden Outfit mache. Ja, ich lege die Sachen meist abends raus, doch manchmal habe ich Tage, da ändere ich meine Meinung und dann beginnt die fröhliche Suche nach einem Outfit, das mich glücklich macht.

Komischerweise ist es für mich viel leichter, das Chaos anzurichten, als es wieder aufzuräumen. Vielleicht kennst du das ja auch oder du gehörst zur zweiten Kategorie ... Ich war es jedenfalls irgendwann leid, in mein schönes Zimmer zu kommen und dort Haufen mit Kleidung vom Vortag zu entdecken. So drückte ich den Reset-Knopf.

Was habe ich gemacht?

Mein erster Schritt war im Grunde auch ein Date mit dem Kleiderschrank, das in vier Tagen auf dich wartet. Da gerade Winter war und mir Platz auf den Kleiderstangen fehlte, habe ich konsequent die Frühjahr-/Sommer-Sachen in zwei Schränke im Keller geräumt. Wenn du den Platz nicht hast, versuche die Dinge in Kisten zu räumen oder nach hinten in den Schrank zu legen. Der Vorteil von einer nach Saison getrennten Garderobe ist, dass du dich mit Sicherheit freust, wenn du endlich die nächste Jahreszeit rausholen kannst und dabei Kleidung entdeckst, du gar nicht mehr im Kopf hattest. An Tag 20 dieser Challenge gebe ich dir weitere Tipps, wie du deine Schubladen und Co. mit System gestalten kannst.

Deine heutige Aufgabe lautet:
1. Prüfe, ob du den nur allzu bekannten Stuhl* hast, auf dem sich immer mal wieder die getragene Wäsche stapelt. Wenn ja, räume ihn jetzt auf und nimm dir vor, bis zum Ende der Challenge keine Wäsche mehr dort abzulegen oder nur noch für maximal einen Tag.

*(*Zu sauber für die Wäsche, zu dreckig für den Schrank, willkommen auf dem Stuhl.)*

2. Prüfe, ob du einheitliche Kleiderbügel hast. Wenn nicht, lege dir neue Bügel zu. Das Ergebnis wird dich begeistern. Meine Erfahrung zeigt: 9 von 10 Schränken haben unterschiedliche Bügelsorten.

Bitte entscheide dich für eine einheitliche Linie, damit alle Kleidungsstücke auf einer Höhe hängen. Dies ist der einfachste und effektivste Schritt für eine klare Struktur, gerade dann, wenn du nicht gern aufräumst und sortierst. Am besten holst du dir die Bügel aus einem Geschäft, das diese Art von Bügeln über viele Jahre vorrätig hat, damit du im Zweifel welche nachkaufen kannst. Schön sind natürlich Bügel, die mit rutschfestem Material überzogen sind und nicht zu breit sind – so nehmen sie nicht so viel Platz auf der Stange weg. Trenne dich unbedingt von allen Drahtbügeln aus der Reinigung. Sie tun deiner Kleidung nicht gut.

Ich hänge fast alle meine Kleidungsstücke auf, auch Shirts. Das hat allerdings praktische Gründe. Zum einen bügle ich überhaupt nicht gern und zum anderen mag ich das Falten von Kleidung nicht. Also, wenn du die Möglichkeit hast, Dinge aufzuhängen, dann tue es.

Tag 11: Wenn Kleidung sprechen könnte ...

Es gibt ja Leute, die behaupten, Kleidung wäre ihnen nicht wichtig und nur Mittel zum Zweck. Meine Meinung dazu sieht ganz anders aus. Ich bin davon überzeugt, dass jeder Mensch mit seiner Kleidung etwas ausdrücken möchte. Manchmal geschieht dies bewusst und an anderen Tagen unbewusst.

Unsere Outfits reden, ohne zu sprechen. Die Kleidung ruft: *Ich bin selbstbewusst oder schüchtern, ich bin mutig oder ängstlich, ich bin fröhlich oder traurig, ich bin sichtbar oder unsichtbar, ich bin weiblich oder männlich, ich bin sportlich oder elegant* und so viel mehr ... Ja, all das drücken wir mit Mode aus, ohne einen einzigen Ton gesagt zu haben.

In unseren Kleiderschränken liegen nicht nur Blusen, Hosen, Kleider, Socken und Co. Für mich erzählt jedes Teil eine Geschichte. Zu fast jedem Stück in meinem Kleiderschrank kann ich sagen, wo ich es gekauft habe oder wer es mir geschenkt hat und was es mir bedeutet.

In dieser Woche hatte ich ein wertiges Shirt an, das mir mein kürzlich verstorbener Vater vor über 20 Jahren geschenkt hat. Ich weiß noch genau, in welchem Geschäft ich es gefunden habe und wie ich mich nur zögerlich zu fragen traute, ob ich es haben darf, weil es damals eine Stange Geld kostete. Mein Papa schaute mich an und sagte zur Verkäuferin: „Wir nehmen es."

Oh, war ich glücklich darüber und strahlte über das ganze Gesicht. Ich fand es wunderschön und so wurde es eines meiner Lieblingsteile. Auch heute ziehe ich es noch mit Freude an, da es mich gerade jetzt an einen der schönen Momente mit meinem Vater erinnert. Da ist es mir egal, ob es gerade Trend ist oder nicht. Die Passform ist super und an Qualität hat es nicht eingebüßt. Es ist grau-meliert und in der Mitte ist eine Wäscheleine zu sehen, die mit kleinen, pinken Swarovski-Steinchen verziert ist. Daran hängen verschiedene Shirts und ein Pullover.

Wenn ich genau darüber nachdenke, war es schon damals wohl ein Zeichen, wie meine Zukunft aussehen würde ...

Erst kürzlich habe ich es an der Nordsee im Urlaub getragen. Dazu habe ich einen neuen rosafarbenen Plisseerock kombiniert. Auch dieser Rock hat eine Geschichte, die allerdings erst zwei Monate zurückliegt. Da war ich nämlich zu Besuch bei meiner Freundin Nicole. Sie bat mich am Ende des Abends in ihr Ankleidezimmer und zog diesen Rock hervor. „Magst du ihn haben? Es war ein Spontankauf, weil ich ihn so wunderschön finde. Doch als ich zuhause war, merkte ich, dass er mir zu klein ist." Mir passt er wie angegossen und somit denke ich nun jedes Mal, wenn ich den Rock trage, an meine liebe Freundin.

Deine Aufgabe für heute lautet: Schaue in deinen Schrank und suche nach Geschichten. Ziehst du manche Stücke ganz bewusst an, weil du an die tolle Erinnerung denkst, die du damit verbindest und somit ein gutes Gefühl beim Tragen hast?

Möglicherweise erzählt dir das ein oder andere Stück auch eine Geschichte, die dich nicht strahlen lässt. Das kann die Hose sein, in die du einfach nicht mehr reinpassen wirst oder der Pulli, der dich an ein Ereignis erinnert, dass du am liebsten aus dem Kalender streichen würdest.

Notiere dir ...

a) Dinge, die dich besonders glücklich machen:

b) Stücke, die ein negatives Gefühl hochholen:

Wie würdest du deinen derzeitigen Kleiderschrankinhalt mit einem Wort beschreiben?

BITTE WENDEN

Wenn du jetzt denkst: „Was ich bei b notiert habe, sollte ich aussortieren, doch ich schaffe es noch nicht", dann gibt es an Tag 14 die Lösung dafür. Du darfst dir aber jetzt schon bewusst machen: Es wird eine Frau geben, die sich genau so ein Teilchen wünscht und keine Geschichte damit verbindet, sondern ihm neues Leben einhaucht. Kleidung darf Spaß machen.

Tag 12: Die beste Farbe auf der ganzen Welt ist die, die gut an dir aussieht

Vor einigen Jahren kam eine Kundin zu mir ins Studio, die sich darauf freute, in Rente zu gehen. Sie war beruflich erfolgreich und wirkte auf mich selbstbewusst und zielstrebig. Sie erzählte mir, dass sie ja nun keine „Business-Garderobe" mehr bräuchte, da ein neuer Lebensabschnitt für sie begänne.

Dann rückte sie mit einer Frage heraus, die ich nie vermutet hätte: „Frau Nahnsen, ich wurde vor 30 Jahren in Sachen Farbe beraten und es kam heraus, dass ich der ‚Herbst-Typ' bin. Auf der Farbkarte von damals ist jedoch kein Lila zu finden und ich frage mich schon eine ganze Zeit, ob mir Lila wirklich nicht steht."

Ich erklärte meiner Kundin, dass ich mit einem Farbsystem arbeite, das aus dem Jahreszeiten-Modell heraus weiterentwickelt wurde und es nun nicht mehr 4, sondern 9 Farbtypen gibt. Wir machten eine Analyse und fanden heraus, dass ihr sowohl die dunklen, warmen Farbtöne (Herbst) stehen, allerdings auch die Mischung aus warmen und kalten Farben. Und jetzt rate mal, welche Farbe auf der zusätzlichen Karte zu finden war? Ja, genau, u. a. Lila.

Was lernen wir daraus? Viele Menschen haben bereits ein gutes Farbgefühl für ihren Typ und dürfen diesen Impulsen auch folgen. Wenn du aus der Umkleidekabine kommst, in den Spiegel schaust und dich pudelwohl fühlst, dann ist es mit Sicherheit eine gute Farbe für dich.

Vielleicht bist du manchmal aber auch unsicher, welche Farben dir stehen. Oder dein Schrank sieht derzeit für dein Empfinden zu farblos aus. Haben sich Farben wie schwarz, blau, grau und weiß schon seit Längerem bei dir eingenistet? Oder ist vielleicht sogar „hellschwarz, mittelschwarz, dunkelschwarz" dein Ding?

Deine Aufgabe für heute lautet, einen Farb-Check in deinem Schrank zu machen. Beantworte hierzu die folgenden Fragen.

1. Welche Farbe ist bei dir am häufigsten im Schrank zu finden?

2. Welche beiden Farben kommen danach oft in deiner Garderobe vor?

BITTE WENDEN

3. Welche Farben hast du und trägst sie selten oder nie? Was ist der Grund dafür?

---

4. Welche Farbe hast du aktuell nicht, die dir aber sehr gefällt?

Wenn du jetzt denkst: „Ja, Farbe können meine Outfits gebrauchen!", empfehle ich dir, es einfach auszuprobieren. Gehe in ein Geschäft und probiere Farben an, die erst einmal ungewohnt auf dich wirken. Ziehe sie an und stelle dich in Ruhe vor den Spiegel. Mach auch ein Foto, um dich selbst aus einer anderen Perspektive zu betrachten.

Oder vielleicht hast du auch Schätzchen im Kleiderschrank hängen, die darauf warten, ausgeführt zu werden. Halte das Stück mal nah an dein Gesicht oder zieh es besser noch an. Beobachte einfach mal, wie sich deine Hautfarbe verändert. Wenn es eine Farbe ist, die deinen Hautton gut unterstützt, solltest du dich frisch und wach fühlen. Die Lippenfarbe kommt bei den „guten" Farben auch besser zur Geltung.

Hier noch ein paar Tipps: Die Farbe, die du nah am Gesicht trägst (Oberteil, Kleid, Schal und Co.) verdoppelt die Dinge, die in der Nähe liegen. Das bedeutet zum Beispiel: Wenn du blaue Augen hast und eine blaue Bluse trägst, lässt dies oft deine Augenfarbe strahlen. Das gilt dann natürlich auch für grüne Augen und grüne Oberteile.

Beim Augen-Make-up solltest du immer mit Farben arbeiten, die nicht deiner Augenfarbe entsprechen. Warum? Weil du ein grünes Männchen auf einer grünen Wiese nicht gut erkennen kannst. Es fehlt der Kontrast. Wähle also bei braunen Augen z. B. einen lila Lidschatten. Bei blauen und grünen Augen gerne verschiedene Brauntöne. Dies sind nur Beispiele, es gibt natürlich noch viel mehr Lidschattenfarben, die sich wunderbar eignen.

Schwarz lässt übrigens viele Menschen, die einen hellen Hautton haben, blass aussehen und die kleinen Fältchen stärker hervortreten. Deswegen empfiehlt sich für hellhäutige Frauen (zu denen ich ja auch gehöre) z. B. ein leichtes Tages-Make-up, welches dies ausgleicht, oder du greifst anstelle von schwarz einfach mal zu dunkelblau und schaust, welche Veränderung sich einstellt.

Dieses Kapitel ersetzt natürlich keine Farbberatung. Es soll ein kleiner Anstoß für mehr Farben in deinem Schrank sein. Wenn du in kleinen Schritten anfangen möchtest, wähle farbige Accessoires wie Ketten, Ohrringe oder Taschen. Das ist auch ein super Start.

Tag 13: Du bist klasse – Reflektion und Selbstliebe

Wow, du bist bereits bei Tag 13 angekommen! Herzlichen Glückwunsch.

Du kannst richtig stolz auf dich sein.

Hast du heute an deine Krone und deinen Motivationssatz gedacht? Wenn nicht, hole es direkt nach.

Nutze den Tag heute, um zu reflektieren, was bislang bereits passiert ist.

Nimm dir 15 Minuten oder auch länger Zeit. Mache dir dein Lieblingsgetränk und notiere deine Erkenntnisse und Gedanken zu der Challenge und den damit verbundenen Impulsen.

BITTE WENDEN

Wenn du jetzt noch ein wenig Zeit hast, mache einen Spaziergang, genieße die Natur oder mache dir eine der tollen Podcast-Folgen von der wunderbaren Caterina Pogorzelski an.

Hier zudem noch einige Filmempfehlungen:

Embrace – Du bist schön von Taryn Brumfit

Aenne Burda – Die Wirtschaftswunderfrau von Francis Meletzky

Joy – Alles außer gewöhnlich mit Jennifer Lawrence von David O. Russell

Morgen treffen wir uns dann zum „Date mit deinem Kleiderschrank“.

Tag 14: Dein Date mit dem Kleiderschrank – So funkt es wieder zwischen euch

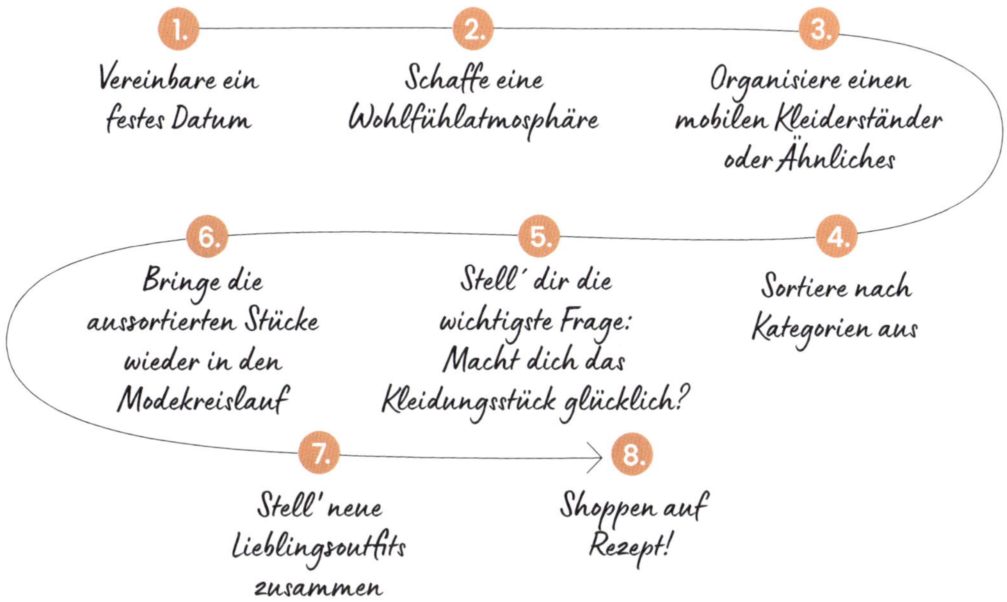

1. Das Date: Wann wird es stattfinden? Vereinbare einen festen Termin mit deinem Kleiderschrank. Die Erfahrung zeigt, dass es vom Zeitfaktor her eher ein 6-Gänge-Menü wird, als eine schnelle Pizza beim Italiener. Also plane ca. 3-5 Stunden dafür ein. Sollte dir zwischendurch die Puste ausgehen, plane einen zweiten Teil, der möglichst bald danach stattfindet, damit du schnell ein tolles Ergebnis hast. Sorge dafür, dass du und dein Schrank unter euch seid und ihr euch voll und ganz auf euch konzentrieren könnt.

2. Schaffe dir eine Wohlfühlatmosphäre! Lege dir deine Lieblingsmusik auf und sorge gut für dich, z. B. mit einer Kanne frischem Ingwertee, Plätzchen oder Obst. Und schlüpfe in ein Outfit, das du schnell wechseln kannst, in dem du dich magst und mit deinem Date Frühstücken gehen würdest. Ein Lied, das helfen kann, wenn du dich partout nicht von Stücken trennen magst, ist übrigens „Leichtes Gepäck" von Silbermond.

3. So behältst du den Überblick: Organisiere dir 1-2 mobile Kleiderständer und/oder lege eine Decke auf dein Bett, damit du die Möglichkeit hast, dort etwas abzulegen. Stelle auch einige größere Kartons bereit, damit du die aussortierten Dinge verstauen kannst. Außerdem ist ein großer Spiegel, im Idealfall ein Ganzkörperspiegel, in der Nähe wichtig.

BITTE WENDEN

4. Aussortieren leicht gemacht: Nun gehst du Schritt für Schritt vor, und zwar in Kategorien. Stelle dich vor deinen Schrank und nimm dir zuerst die Oberteile vor. Also, alle **Oberteile**, die du regelmäßig in Gebrauch hast, bitte anschauen. Wenn es Stücke sind, die du gern trägst und die top in Schuss sind, kannst du sie im Schrank belassen. Sei bitte ehrlich zu dir und überlege, ob z. B. viele Oberteile nur von dir getragen werden, weil sie bequem sind. Das ist aus meiner Sicht nicht der beste Impuls. Eher hilft es, sich zu fragen: *Passt das Oberteil wirklich in das wichtige Business-Meeting, wenn ich mich gegenüber den Kollegen durchsetzen möchte? Oder lenken die kleinen, wenn auch dezenten Glitzersteine von meiner Botschaft ab? Mache ich mich mit den unzähligen schwarzen Blazern möglicherweise unnahbar?*

Wenn jetzt Teile dabei sind, bei denen du dir unsicher bist, dann hänge diese auf die mobile Kleiderstange oder lege sie aufs Bett. Schaue weiter durch und sei aufmerksam. Prüfe immer wieder, ob die Bluse oder das Shirt wirklich deine Persönlichkeit unterstützt und etwas für dich tut.

Hast du dir alle Shirts angeschaut, geht es weiter mit Jacken, Blazern und Co. Wenn du damit fertig bist, hast du mit Sicherheit ein paar Teilchen dabei, die du zur Seite gelegt hast. Nun schnappst du dir z. B. eine Bluse, die du bislang noch nie oder nur selten getragen hast. Es hilft jetzt nicht, sie hochzuhalten, zu betrachten und zu sagen: „Du hast einiges gekostet und an dir ist nichts dran, deswegen kommst du wieder auf die Kleiderstange." Jetzt ist der Zeitpunkt gekommen, wo du sie anziehen darfst. Ja, richtig – das Sportprogramm ist heute inklusive. Zieh alles auf dem Stapel nacheinander an und stelle dich damit vor den Spiegel.

5. Nun kommt die zentrale Frage, die ich von Marie Kondo aus ihrem Bestseller „Magic Cleaning" (Rowohlt, 2013) übernommen habe: **„Macht dich das Kleidungsstück glücklich?"** Bitte sei ehrlich. In 90 % der Fälle wird die Antwort „Nein" lauten. Das habe ich in den letzten Jahren bei unzähligen Kleiderschrank-Checks meiner lieben Kundinnen gelernt. Dann lass die Bluse bitte gehen und lege sie in einen der Kartons.

Die häufigsten Gründe für ein „Nein" können sein: Sie spannt im Brustbereich, sie kneift am Bauch, sie lässt dich 5 bis 10 Jahre älter wirken, da sie schon ewige Zeiten unbeachtet im Schrank hängt, sie war früher mal reduziert und ein Spontankauf, der dich nur in dem Moment glücklich gemacht hat, die Farbe lässt dich blass aussehen und so weiter.

Nun ist der Anfang gemacht. Du kannst stolz auf dich sein. Jetzt knöpfe dir die weiteren Sachen vor, die auf deinen Check warten. Anhand dieser Methode gehst du deinen gesamten Schrank durch (inklusive Jacken, Taschen, Schuhe und Schmuck). Irgendwann wirst du an den Punkt gelangen, wo es an die Hosen geht. Bitte ziehe alle Hosen an, bei denen du dir nur im Entferntesten unsicher bist, ob sie aktuell passen. Das ist meistens der schwerste Part dieses Dates. Wenn sie nicht zugeht, brauchst du nicht lange überlegen. Ich persönlich habe mehr Ziel- oder Hoffnungshosen gesehen, als ich zählen kann. Sie machen dich unglücklich und somit gehören sie nicht in dein morgendliches Sichtfeld. Bitte lass sie gehen.

Falls die Hosen obenrum allerdings passen und du dich gut darin fühlst, prüfe bitte, ob die Hosenlänge dich unterstützt. Manchmal sehe ich zu lange Hosenbeine. Dann kräuselt sich der Stoff über dem Knöchel. Wenn du unsicher bist – und das gilt auch für alle anderen Teile, die nicht optimal passen –, bringe sie zum Änderungsschneider. Er vollbringt wahre Wunder.

Vielleicht entdeckst du bei diesem Schritt Stücke, die im Alltag nicht mehr funktionieren, von denen du dich aber trotzdem nicht trennen möchtest. Bei einem Kleiderschrank-Check sagte meine liebe Kundin: „Die Sachen ziehe ich zwar hier nicht mehr an, doch wir fahren ja regelmäßig in unser Ferienhaus und da werde ich sie auftragen."

Aha. Ich sagte erst mal nichts dazu. Als der Karton dann nach zwei Stunden überquoll, fragte ich sie, ob sie nicht auch im Urlaub gut aussehen möchte. Es machte Klick und ich durfte diesen Satz für sie notieren. Ihr Fazit: **Ich möchte auch im Urlaub gut aussehen.**

Übrigens ist die Karnevals-/Kostümkiste auch irgendwann voll und so viele Renovierungen und Gartenarbeiten gibt es auch nicht. Du merkst, ich habe schon alle Tricks gehört ... Diese Optionen sind also kein Zwischenlager für Kleidung, die dich nicht mehr glücklich macht.

Achte bitte auch darauf, ob du von einem gewissen Kleidungsstück oder bestimmten Accessoires nicht zu viele Modelle hast. Regelmäßig erteile ich „Strickjacken-Einkaufsverbot" oder auch eine „Schwarz-Einkaufssperre".

6. Bringe alle aussortierten Stücke wieder in den Modekreislauf, denn es gibt bestimmt eine Frau, die sich über deine Mode freuen wird.

Es gibt sicher auch in deiner Nähe gute Second-Hand-Läden, Kleiderkreisel und Frauenflohmärkte. Ich persönlich habe schon viele dieser Optionen ausprobiert. Mein persönlicher Favorit ist ein kleiner, feiner Second-Hand-Laden in meinem Wohnort. Dort bringe ich in einem Rutsch die aussortierten Teilchen hin und bespreche mit der Inhaberin, welche Preise sie veranschlagen wird. Wenn etwas davon verkauft wird, erhalte ich 50 % davon. Die anderen 50 % sind ihre Provision.

In den letzten Wochen habe ich zudem davon gehört, dass sehr viele Frauenhäuser dankbar für Kleiderspenden sind. Die Frauen sind bei ihrer Ankunft meist komplett mittellos und besitzen nur die Kleidung, die sie am Leib tragen. Ich empfehle dir daher sehr, in deiner Stadt nach „Frauenhaus" zu googeln und dort zu erfragen, wo die Spende abgegeben werden kann.

BITTE WENDEN

Altkleidercontainer sind für die Weitergabe ausrangierter Kleidung leider nicht empfehlenswert, da die Spende oft nicht bei den Bedürftigen landet. Es gibt aber neben den Frauenhäusern unzählige soziale Einrichtungen, die sich über Kleiderspenden freuen, wie z. B. die Caritas, Oxfam, etc. Einige von ihnen haben eigene Second-Hand-Läden, in denen die Kleiderspenden wiederverkauft werden. Der Erlös geht an karitative Projekte. Oder du spendest direkt an Soziale Kaufhäuser, Obdachlosenstellen und Co. Du kannst auch bei der Kirche anrufen oder der Agentur für Arbeit. Diesen Tipp hat mir Vera Int-Veen gegeben, da einige Arbeitssuchende keine passende Kleidung für Vorstellungsgespräche haben.

Oder du lädst ein paar Freundinnen ein und ihr veranstaltet eine kleine Tauschparty! Das hat auf jeden Fall Unterhaltungspotenzial. Falls ihr alle unterschiedliche Größen habt, ist natürlich auch ein „Accessoires-Tausch-Abend“ eine schöne Option. Wenn ich an die unzähligen Tücher, Taschen und Ketten denke, die ungenutzt in vielen Kleiderschränken schlummern, lohnt es sich auf jeden Fall. Ach ja, sag deinen Freundinnen bitte, sie sollen ihre Fehlkäufe mitbringen. Es ist manchmal sehr spannend, wie das nie getragene Teil an einer anderen Frau aussieht. Bei meinen Seminaren wechseln diese Fehlkäufe regelmäßig ihren Besitzer.

Ich finde es wichtig, sich genau zu überlegen, wer die aussortierten Stücke erhält. Es hat nämlich den Vorteil, dass ich weiß: Sie kommen in gute und dankbare Hände. Wenn ich abends an dem Fenster vom Second-Hand-Laden vorbeilaufe und eines meiner abgegebenen Kleider im Schaufenster dekoriert sehe, fühle ich mich auch ein wenig stolz.

Übrigens kannst du mit einem **kleinen Trick** herausfinden, ob du die Dinge, die sich nach dem Date noch im Schrank befinden, wirklich getragen hast: Nach deinem Date trägst du dir einen Termin im Kalender ein, z. B. 6 Monate später. In diesem Zeitraum hängst du alle Stücke, die du danach anhattest, ja wieder in den Schrank. Achte nun allerdings darauf, dass du den Haken des Kleiderbügels verkehrt herum einhängst. Dann kannst du nach der gesetzten Frist genau sehen, was du angezogen hast und ggf. nachjustieren.

7. Das Beste kommt zum Schluss oder wie ich gern sage **„Shoppen im eigenen Schrank“**. Bald darfst du mit einem ganz neuen Blick auf deinen Schrank neue Outfits zusammenstellen. Für diese spannende Aufgabe habe ich allerdings den Finaltag reserviert, um dir dabei noch einige Tipps auf den Weg zu geben. Hab also bitte noch etwas Geduld.

Klopfe dir jetzt erst einmal selbst auf die Schulter und atme tief durch. Ein großes Stück des Weges liegt bereits hinter dir. Dabei wirst du vielleicht gemerkt haben: Die schönsten Dinge passieren außerhalb unserer Komfortzone. Warum? Das erfährst du am morgigen Tag.

Tag 15: Minenfelder im Kleiderschrank – Achtung, es wird explosiv!

Wenn das Brautkleid vom Ex-Mann noch im Schrank hängt, reden wir von Minenfeldern im Schrank. Und auch wenn der Erbschmuck vom „Schwiegermonster" ganz oben in der Schmuckschatulle liegt, reden wir von Minenfeldern im Schrank. Dann brodelt es gefährlich im Schrank und zwar jeden Tag, wenn auch unterschwellig.

Ja, es hat einen Grund, warum ich bei den Kleiderschrank-Checks nicht selbst die Initiative ergreife und die Stücke rausnehme. Es ist das Hoheitsgebiet meiner Kunden, und wie du dir denken kannst, stehen wir oft im Allerheiligstem – dem Schlafzimmer. Das mir entgegengebrachte Vertrauen ist groß und ganz oft sind sie aufgeregt, wenn wir zur Tat schreiten. Denn wer trennt sich schon leichtfertig von Kleidung, Schuhen und Co., die seit Wochen, Monaten oder auch Jahren im Schrank hängen? Sie haben alle etwas gekostet. Die einen Teile mehr, die anderen weniger. Doch darauf möchte ich gar nicht hinaus. Was manche Stücke für die Frau wirklich bedeuten, höre ich durch die Geschichten, die mir erzählt werden. Denn jedes Stück mit einer wirklichen Geschichte ist auch mit einer Emotion gekoppelt.

Denke daran: Das Ziel dieser Challenge ist es, dass du einen Kleiderschrank voll mit Lieblingskleidung hast. Gerade deswegen ist dieser Tag heute so wichtig für dich, wenn du Stücke hast, die negativ behaftet sind, oder dich einfach unglücklich machen.

Als die Idee zu diesem Buch konkreter wurde, wusste ich, dass ich von meinem ganz persönlichen Minenfeld berichten werde. Bei mir im Schrank hingen vor einiger Zeit noch ein gestreiftes Kleid in blau-weiß mit einer kleinen Kordel für den Bauchbereich, ein fließendes Shirt in rosa und eines in hellblau. Auch zwei neue Jeanshosen hatte ich mir zugelegt und extra kürzen lassen, da sie obenrum passten, jedoch an den Beinen zu lang waren. Es waren keine normalen Kleidungsstücke, sondern es war Umstandsmode. Ich war schwanger und bereits nach einigen Wochen wuchs mein Bauch und die engen Jeans zwickten. Somit beschloss ich, mich im Sale eines Spezialgeschäfts ein klein wenig einzudecken. Ich wusste, es war noch ein bisschen früh, doch in den anderen Hosen fühlte ich mich nicht mehr wohl.

Die Hosen trug ich von da an fast jeden Tag. Meine Kleider machten die Körperveränderung natürlich ohne Probleme mit; somit blieben die zwei Shirts für die darauffolgenden Monate erwartungsvoll im Schrank hängen. Doch dann verlor ich unser Baby in der 11. Woche.

Die Hosen und das Umstandskleid habe ich einige Monate später sorgsam in einen Karton gepackt. Die beiden Shirts hingen noch längere Zeit an der Seite in meinem Ankleidezimmer. Ich brachte es nicht übers Herz, sie wegzuhängen, denn ich glaubte daran, dass ich wieder schwanger werden würde.

BITTE WENDEN

Jetzt kann man darüber diskutieren, ob sie bis zur nächsten Schwangerschaft lieber in den Karton und aus dem Sichtfeld wandern sollten, doch diese Frage darf nur ich für mich beantworten.

Nachdem weitere Wochen und Monate ins Land gegangen waren, räumte ich auch diese Shirts in einen Karton, was mir absolut nicht leichtfiel. Doch einige Monate später durfte ich die Stücke wieder rausholen, da ich nach 2 Jahren wieder schwanger geworden war. Das war für mich emotional eine Achterbahnfahrt zwischen „alle Frauen werden schwanger, nur ich nicht“ und „es wird schon noch klappen“.

Wenn du gerade einen Kinderwunsch hast, weiß ich genau, wie es sich anfühlt und ich wünsche dir von Herzen, dass der Wunsch ganz schnell Wirklichkeit wird. Du bist nicht allein. Ich kann aus dieser Erfahrung berichten, dass es mir letztlich gut getan hat, die Stücke erst einmal aus meinem täglichen Sichtfeld zu nehmen, ohne sie wegzugeben.

Jetzt ist die Katze aus dem Sack und du kennst mein Minenfeld. Hast du Minenfelder in deinem Schrank? Wenn ja, welche Stücke fallen dir spontan ein?

Würdest du dich gern von Dingen trennen und schaffst es allein nicht, weil es dich zu traurig macht? Dann suche dir Unterstützung bei einer Freundin oder Therapeutin, die dich bei diesem Schritt begleiten kann. Unser Kleiderschrank ist voll von Leben und das dürfen wir ernst nehmen. Loslassen kann sehr schwerfallen, das weiß ich aus Erfahrung. Spür mal in dich hinein, wer dir helfen könnte. Du brauchst es nicht allein zu schaffen.

Die viel erwähnten *Ziel- oder Hoffnungshosen* möchte ich hier auch noch einmal in Erinnerung rufen. Besitzt du immer noch welche? Wann hast du sie dir gekauft? Vor den Kindern? Alles hat seine Zeit und wenn sie jetzt nicht mehr passen, sollten sie gehen. Das weißt du ja mittlerweile. Wenn du wirklich abnehmen möchtest, dann lege zwei zur Seite und notiere dir einen festen Termin in deinen Kalender. Wenn du dein Abnehmziel bis dahin nicht erreicht hast, kommen sie weg.

Deine Aufgabe für heute ist eindeutig: Trenne dich von deinen Minenfeldern und schreibe hier auf, für was jetzt Platz in deinem Schrank und deinem Leben ist:

Tag 16: Nähen ist wie zaubern können

Von kleinauf bin ich mit dem Geräusch der Nähmaschine groß geworden. Meine Mutter hatte ein Nähzimmer in unserem Haus. Bevor sie meinen Bruder und mich bekam, arbeitete sie 15 Jahre als Schneiderin. Das Rattern der Nähnadel und das damals noch dazugehörige Fußpedal waren feste Bestandteile ihres Alltags.

Als ich noch klein war, nähte meine Mutter mir oft Kleider, Röcke und Oberteile. Mehrere Kostüme für den Fasching waren natürlich auch dabei. Am besten erinnere ich mich an ein sehr warmes Katzenkostüm.

Gefühlt alle zwei Wochen gingen wir in das hiesige Stoffgeschäft von Anneliese Müller. Es gab dort unzählige Ballen an Stoff. Staunend stand ich bei jedem Besuch davor und malte mir aus, welche Kleidungsstücke aus welchen Farben und Mustern genäht werden konnten. Ab und zu durfte ich mir Schnittmuster aus der *Burda* aussuchen und meine Mutter nähte mir die Kleidung nach meinen Vorstellungen. Damals war ich wahrscheinlich 6 oder 7 Jahre alt. So früh fing die Liebe zur Mode bei mir an.

Warum widme ich einen ganzen Tag dem Thema „Änderungsschneider"?

Weil ich schon so viele tolle Stücke in Schränken gesehen habe, die nicht (mehr) getragen wurden, nur weil sie nicht mehr richtig oder noch nie richtig gesessen haben. Auch wenn ich selbst nicht nähen kann, erkenne ich durch das jahrelange Zuschauen bei den Änderungsarbeiten meiner Mutter, ob noch Potenzial in einem Kleidungsstück steckt.

Ein Beispiel: Kleider und Röcke haben ja unterschiedliche Längen. Immer da, wo ein Kleidungsstück endet, ist der Blick. Ein Kleid oder Rock, den du vielleicht noch magst, allerdings aufgrund der Länge nicht mehr trägst, hat oft noch eine zweite Chance verdient. Ist dir die Länge zu kurz, kannst du immer schauen, ob im Saum noch Stoff versteckt ist. Meistens sind noch gut 2 Zentimeter drin und somit steht einer Verlängerung nichts im Wege. Der Profi setzt dann einfach ein Stoffband dagegen und somit können die 2 Zentimeter voll ausgeschöpft werden.

Auch Stücke, die zu lang sind, können angepasst werden, und wenn die Passform wieder stimmt, wirst du sie mit Sicherheit auch wieder gern tragen. Klasse sind auch verdeckte Druckknöpfe, wenn dir Kleider oder Oberteile im Brustbereich schnell mal zu weit aufspringen.

BITTE WENDEN

Deine Aufgabe für heute lautet: Lege alle Kleidungsstücke, die dir noch gefallen, aber nicht optimal passen, in eine Kiste. Auch wenn du unsicher bist, ob sie noch Potenzial haben – bringe alles gesammelt zur Änderungsschneiderei um die Ecke und ziehe die Dinge dort an. Wenn er/sie sein Fach versteht, erhältst du direkt eine Experteneinschätzung, ob sich die Arbeit der Änderung lohnt.

Achtung – frage bitte immer erst nach dem Preis, bevor du eine Änderung in Auftrag gibst. Bei einer Weste bin ich schon einmal auf die Nase gefallen und habe für das Umändern mehr bezahlt, als für den Kauf des Stückes. In den meisten Fällen wird sich die Investition aber lohnen und du hast ein weiteres, neues Lieblingsstück im Schrank.

Denn eine Schneiderin löst Probleme, von denen du nicht weißt, dass du sie hast, auf eine Weise, die du nicht verstehst.

Tag 17: Dein Lieblingsoutfit – Sei sichtbar

Zu Beginn bitte einen kurzen Kronen- und Motivationssatz-Check. Sitzt alles?

Wie schön, dass du so fleißig dranbleibst und bereits bei Tag 17 angekommen bist. Wenn du dein Date mit deinem Schrank schon hattest, ist das wunderbar. Falls es zeitlich nicht in den Tag gepasst hat, hole es auf jeden Fall innerhalb der nächsten Tage nach.

Deine heutige Aufgabe lautet: Ganz gleich, an welchem Punkt du gerade stehst, darfst du den Tag heute dazu nutzen, dein absolutes Lieblingsoutfit anzuziehen. Vielleicht hast du ja auch mehrere Outfits, die in diese Kategorie gehören, oder es gibt derzeit nur eins bei dir im Schrank? Es kann auch gern ein einzelnes Teil sein, das du als Lieblingsstück bezeichnest, und du kombinierst es mit anderen Sachen aus deinem Kleiderschrank.

Sobald du es anhast, stelle dich ganz bewusst vor den Spiegel und spüre, wie du dich fühlst. Wie siehst du dich im Spiegel an? Was denkst du über dich und dein Spiegelbild, wenn du dein Lieblingsoutfit trägst?

Hier ist Platz für deine Gedanken:

Schreibe auch auf, warum es dein Lieblingsoutfit oder dein Lieblingskleidungsstück ist. Vielleicht fällt dir eine Geschichte dazu ein.

BITTE WENDEN

Wie wäre es, wenn du jeden Tag nur Lieblingskleidung anhättest? Was würde sich dann für dich positiv verändern?

Tag 18: Accessoires sind das Salz in der Suppe – viel Veränderung, wenig Zeitaufwand.

Im nächsten Leben eröffne ich ein Geschäft für Accessoires. Hier kommt eine kleine Übersicht für dich:

Schmuck

Es muss nicht immer die komplette Bandbreite sein. Allerdings bringen gerade eine Kette und/oder Ohrringe eine riesige Veränderung in die Gesamtwirkung deines Looks – besonders, wenn du bisher eher wenig Schmuck getragen hast.

Ob du lieber Echtschmuck oder Modeschmuck trägst, kannst du bestimmt direkt für dich beantworten. Der Vorteil bei Modeschmuck ist – und es gibt hier durchaus hochwertige Stücke –, dass du ihn öfter wechseln kannst. Hier ist Echtschmuck in meinen Augen klar im Nachteil, da die Auswahl oft gering ist und somit die „Gefahr" besteht, immer dieselben Ohrringe und Co. zu tragen. Manchmal schleicht sich dann einfach zu viel Gewohnheit ein und die Stecker werden jeden Tag getragen. Vielleicht bist du allerdings auch Ohrringliebhaberin wie ich. Dann hast du schon eine große Auswahl und kannst aus dem Vollen schöpfen.

Ringe, Uhren und Co. machen natürlich auch einen Unterschied, wobei sie nicht so eine große Veränderung bewirken wie Schmuck, der nah am Gesicht getragen wird.

Taschen

Bist du Taschenliebhaberin oder trägst du immer ein Modell? Taschen sind ja für einige Frauen ein richtiges Investment. Aus meiner Sicht lohnt es sich, in gute Qualität zu investieren und dann lieber eine Tasche weniger zu kaufen.

Taschen gibt es in unzähligen Größen. Ich finde es zum Teil auch sehr praktisch, einen coolen Rucksack zu tragen oder eine kleine „Handytasche", dann ist immer alles griffbereit. Über Taschen könnte ich ein eigenes Buch schreiben. Wenn du eher chaotisch bist, lohnt es sich, von Zeit zu Zeit eine Tascheninventur zu machen. Ich sortiere regelmäßig aus, damit ich den Überblick behalten kann.

Ideal ist es, wenn deine Tasche auch zu deinen Proportionen passt. Wenn du z. B. sehr zierlich bist, wähle gern eine kleinere Tasche und wenn du größer bist, eher den Shopper als die Microbag. Wobei sich dies in den letzten Jahren auch sehr verändert hat. Erlaubt ist natürlich, was gefällt. Das Angebot ist riesengroß.

BITTE WENDEN

Schuhe

Das Wichtigste bei den Schuhen ist, dass sie dein Outfit gut vollenden, denn sie können den Style sehr schnell altbacken wirken lassen oder auch super schnell modern, schick oder cool. Es liegt in deiner Hand, wie viel Aufmerksamkeit du den Schuhen gibst. Aus meiner Sicht lohnt es sich, in diesem Bereich „up-to-date" zu bleiben. Informieren kannst du dich in guten Schuhhäusern oder z. B. dem Magazin „Instyle".

Wenn du jetzt merkst, dass bei dir noch viel Potenzial in diesem Bereich ist, lies dir gern (noch einmal) Kapitel 5 durch.

Deine heutige Aufgabe lautet: Bist du schon Accessoires-Liebhaberin oder greifst du oft zu denselben Sachen? Schreibe bitte auf, auf welchen Bereich du von nun an mehr Augenmerk legen möchtest, um so deine Outfits abwechslungsreicher zu gestalten.

Tag 19: Der Kopf guckt immer raus – Warum die Frisur so wichtig ist

Heute möchte ich dir empfehlen, mal keinen Blick in den Kleiderschrank, sondern in deinen Badezimmerschrank zu werfen. Wie viel Zeit nimmst du dir morgens für deine Frisur?

Wenn ich diese Frage meinen Kundinnen stelle, erhalte ich oft die Antwort: „Es muss schnell gehen, ca. 5-10 Minuten für die Haare und das Make-up" – wenn überhaupt Schminke verwendet wird.

Verstehen kann ich das auf jeden Fall. Vor vielen Jahren, vor meiner Ausbildung zur Stylistin, war ich sehr schnell fertig. Abends habe ich mir die Kleidung fürs Büro rausgelegt. Morgens die Haare gekämmt und, wenn es hochkam, Wimperntusche aufgetragen. Hauptsache, schnell fertig und ein wenig länger geschlafen. Meine Einstellung zu diesem Punkt hat sich allerdings gedreht, da mir bewusst geworden ist, wie viel Einfluss die Frisur auf den Gesamteindruck hat.

Paul Watzlawik sagte schon: „Man kann nicht nicht kommunizieren" (Hogrefe AG, 2015). Wir wirken und kommunizieren also immer und überall – egal, ob wir sonntags nur mal eben zum Bäcker fahren oder einen wichtigen Geschäftstermin haben.

Das soll jetzt keinen Stress bei dir auslösen, sondern einfach nur ein größeres Bewusstsein für das Gesamtbild eines Outfits wecken. Tolle Kleidung reicht einfach nicht bzw. ein „einfacher" Look wirkt viel schöner, wenn du dir Zeit für dein Haarstyling nimmst.

Ausnahmen bestätigen natürlich die Regel. Es gibt auch bei mir Tage, an denen ich im Schlumpf-Look bei Nieselwetter mit Gummistiefeln und meinem kuscheligen Bearded Collie Espresso über die Wiese laufe, und das ist auch gut so. Ich habe allerdings mittlerweile ein anderes Grundgefühl, wenn ich mir ein paar Minuten mehr Zeit für die Haare nehme. Ich fühle mich einfach wohler in meiner Haut, und das ist das Wichtigste. Es tut gut, die Tricks und Kniffe zu kennen, die ich anwenden kann, wenn mir danach ist. Die Extrameile vorm Spiegel lohnt sich also immer.

Denk auch mal daran, wie deine Krone strahlt, wenn die Haare gemacht sind oder wie sie sitzt, wenn dies nicht der Fall ist. Mein eindeutiges Plädoyer lautet daher: Nimm dir Zeit für deine Haare, gerade dann, wenn du mit dem falschen Fuß aufgestanden bist, oder einen wichtigen Termin hast, denn der Kopf guckt immer raus.

Und übrigens: *On a bad day, there is always lipstick* – also ran an das Make-up. Wenn es ganz schnell gehen soll, empfehle ich folgende Produkte: Concealer (kaschiert Schatten unter den

BITTE WENDEN

Augen), Wimperntusche (dicht an der Wimpernwurzel ansetzen und mit Zick-Zack-Bewegungen nach oben führen), getönte Tagescréme, frisches Rouge und ein Lippenstift oder Lipgloss. Hört sich nach viel Zeit an? Wenn du ein bisschen übst, bist du damit in 5 Minuten fertig. Du möchtest noch schneller im Bad sein? Dann schnapp dir nur die Wimperntusche und einen kräftigeren Lippenstift.

Deine heutige Aufgabe lautet: Schaue deine Haar-Utensilien durch. Was benutzt du regelmäßig und was kann aussortiert werden?

Der Festiger, den du noch nie benutzt hast oder die Rundbürsten, da du dir – so wie ich noch vor ein paar Wochen – beim Benutzen die Arme verrenkt hast?

Denke anschließend darüber nach, wen du an deine Haare lässt. Ist es an der Zeit, mal den Friseur von einem anderen Salon um Ideen zu bitten, da er dich nicht kennt und daher mit ganz anderen Augen sieht? Manchmal ist es auch sinnvoll, den Friseur komplett zu verlassen. Ja, ich weiß, es fühlt sich an, als ob du eine langjährige Lieblingsbeziehung beendest, doch wenn du nicht glücklich mit deinen Haaren bist, solltest du diesen Schritt gehen.

90 % meiner Kundinnen sind übrigens nicht zufrieden mit ihrer Frisur. Das liegt natürlich nicht immer am Friseur, sondern auch oft daran, dass sie sich bislang zu wenig mit dem Styling für zuhause beschäftigt haben. Was Friseure können, können nur Friseure. Also lerne von den Profis. Es gibt auch Salons, die Stylingseminare anbieten. Gut ist es immer, wenn du deine eigenen Produkte, Bürsten und Co. mitbringst, dann klappt die Umsetzung leichter.

Wenn du dir unsicher bist, ob deine Frisur zu dir und deinem Leben passt, dann ist es gut, sich intensiv Gedanken darüber zu machen. Gerade unsere Frisur hat ja einen großen Einfluss auf unsere Außenwirkung.

Betrachte dich nun genau im Spiegel. Hast du kurze Haare? Wenn ja, warum? Weil es praktisch ist, oder weil es einfach zu dir und deiner Persönlichkeit passt? Vom Image her sind kurze Haare eher burschikoser als eine lange Mähne. Wenn du so wirken möchtest – wunderbar. Falls du dir allerdings mehr Weiblichkeit wünschst, kannst du entweder mehr Kleidungsstücke tragen, die dies hervorheben (z. B. Kleider, Röcke oder vielleicht zartere Farben) oder durch Accessoires eine Portion „Weiblichkeit" ergänzen.

Wenn du lange Haare hast, frage dich, ob sie gut in Schuss sind. Wann hast du die letzte Haarkur verwendet? Sind deine Haare auch in den Spitzen noch schön und kraftvoll oder züchtest du jeden Millimeter?

Oft werde ich auch gefragt, ob ich dafür bin, wenn Frauen graue Haare tragen. Ich persönlich finde, dass es eine komplette Typsache ist. Greta Silver steht es wunderbar. Und warum ist das so? Zum einen durch den modernen Schnitt sowie das Styling und auch die coole Kleidung. Du merkst, es ist immer der Gesamtlook, der den Unterschied macht.

Tag 20: Jetzt darf der Schrank rausgeputzt werden – Ordnungssysteme und Co.

Wow, wie fühlt es sich an, wenn du nach deiner Kleiderschrank-Detox-Kur die Türen öffnest oder in dein Ankleidezimmer gehst? Ich bin mir sicher, du hast an Platz gewonnen. Oft ist es so, dass wir einige Kartons aussortieren und der Schrank sieht immer noch gut gefüllt aus. Auch du hast mit Sicherheit noch viele schöne Kleidungsstücke parat – und vielleicht ja das ein oder andere Teil wiedergefunden oder neu entdeckt. Das kann nämlich schnell passieren, wenn Teile übereinander hängen oder liegen.

Heute geht es noch einmal um das Thema **Ordnung** im Schrank.
Deine heutigen Aufgaben werden dir helfen, noch mehr Struktur und Klarheit zu gewinnen:

1. Sortiere deine Kleidung nach Farben. Am besten gehst du dabei nach Kategorien vor und ordnest alle Teile hintereinander ein, z. B. alle Blusen von hell nach dunkel.

2. Sortiere deine Socken und Strumpfhosen in eine Aufbewahrungsbox, wenn nicht schon geschehen. Es gibt unzählige Möglichkeiten für diese Ordnungssysteme. Ein paar Ideen findest du hier: **www.amazon.de/shop/carola_nahnsen**

Zudem gibt es auf meinem Kanal ein Instagram Live zum Thema „Ordnungssysteme".
Wenn du dir nichts Neues kaufen möchtest, eignen sich auch wunderbar Schuhkartons, um den Überblick zu behalten.

3. Sortiere auch deine Unterwäsche neu und verwende Ordnungssets. Inspirationen findest du unter dem Link bei Aufgabe 2. Es gibt z. B. spezielle Ordnungsboxen für Unterwäsche, die kleine Trennwände haben, sodass du ganz schnell jedes Stück wiederfindest.

4. Überdenke die Aufbewahrung deines Schmucks. Hast du direkt alles, was du besitzt, im Blick oder trägst du oft das eine Paar Ohrringe oder die eine Kette? Ich persönlich habe eine quadratische Box mit vielen kleinen Fächern, die in meiner Schublade untergebracht ist. So ziehe ich sie nur auf und sehe direkt die komplette Auswahl. Sonst besteht die Gefahr, dass viele wunderbare Stücke ungenutzt bleiben. Alternativ gibt es auch kleine Schmuckbäumchen, an denen du deine Lieblingsstücke aufhängen kannst. Eine noch kostengünstigere Möglichkeit, die allerdings etwas mehr Platz benötigt, sind Eierpaletten.

5. Hast du Schuhe, die toll aussehen, die du allerdings ganz selten oder gar nicht trägst? Wenn du es nicht übers Herz bringst, dich von ihnen zu trennen, platziere sie auf einem Regal und erfreue dich einfach an dem Anblick. (Bitte nicht mehr als zwei Paar. ;-))

Weitere Empfehlungen:

Wenn du nicht gern faltest, empfehle ich dir, ein **Faltbrett** zu kaufen. Damit bekommst du exakt große Stapel gefaltet – ganz ohne Talent, das ich jedenfalls nicht besitze. So habe ich z. B. meine Wollpullis blitzschnell auf einheitlichen Stapeln und finde es grandios.

Ein **Fusselrasierer** sagt jedem Pullover mit Pilling den Kampf an und ist für mich ein ganz eindeutiges Must-have.

Bambustrenner eignen sich nicht nur für Unterwäsche, sondern auch sehr gut für Socken, T-Shirts und Co., da sie variabel einsetzbar sind (siehe Link auf der vorherigen Seite).

Zum Abschluss noch meine Antworten auf die beiden häufigsten Fragen zum Thema Ordnung im Schrank.

Wie oft sollte ich das Date mit dem Kleiderschrank wiederholen?

Dies kommt darauf an, wie gut du dich wirklich getrennt hat und wie viel du in Zukunft einkaufen wirst. In der Regel empfehle ich, zweimal im Jahr einen Kleiderschrank-Check zu machen. Am besten immer zum Saisonwechsel. Das heißt einmal im Frühjahr/Sommer, z. B. Ende Januar oder im Februar, und dann erneut im Herbst/Winter, z. B. September/Oktober. Orientiere dich dabei auch an dem Wetter in deiner Region.

Wie halte ich Ordnung?

Ja, das ist ein Thema, das mich auch immer wieder beschäftigt. Mir hat ein Rat von Vera Int-Veen geholfen. Bei einem gemeinsamen Instagram Live hat sie mir erzählt, dass sie immer alles direkt wieder aufräumt. Das bedeutet, wenn sie von einem Dreh wiederkommt, packt sie, egal wie spät es ist und wie müde sie ist, am selben Tag ihren Koffer aus.

Das hörte sich für mich nach enormem Stress an. Doch als ich länger darüber nachgedacht hatte, probierte ich es einfach mal aus. Oft sah es bei mir nach einem Instagram Live, wenn ich Schmuck oder andere Dinge gezeigt hatte, ganz wild im Ankleidezimmer aus. Normalerweise hätte ich die Sachen abends liegen gelassen und am nächsten Tag aufgeräumt. Allerdings war ich dann schon gestresst, wenn ich morgens in das Zimmer kam und mir dachte: „Herrje, jetzt herrscht hier wieder Chaos!" Also habe ich es einfach mal direkt im Anschluss gemacht.

Zugegeben, es kostete etwas Überwindung. Trotzdem habe ich meinen inneren Schweinehund an die Kette gelegt und direkt alles weggeräumt. Danach fühlte ich mich richtig gut

BITTE WENDEN

und zwar nicht nur kurz danach, sondern auch am nächsten Tag, als ich den Raum betrat. Seitdem ziehe ich diese neue Gewohnheit konsequent durch.

Genauso kannst du es mit dem oft vorhandenen „Kleiderhaufen“ auf dem Stuhl versuchen. Spüre nach dem Aufräumen mal in dich hinein. Wie geht es dir, wenn du Dinge direkt wieder wegräumst?

Das Gute daran ist, dass sich irgendwann auch der Partner oder die Partnerin anschließen wird. Es kann einige Zeit dauern, doch genau das habe ich bei mir und meinem Mann bemerkt.

Viel Spaß bei deiner heutigen Ordnungs-Challenge!

Tag 21: Finale der Kleiderschrank-Challenge – Wie kombiniere ich richtig?

Das Beste kommt natürlich zum Schluss! Wobei ich mir sicher bin, dass dein „Date mit dem Kleiderschrank" schon ganz viel Positives in dir ausgelöst hat.

Meine Kundinnen lieben es, wenn wir anfangen, im eigenen Kleiderschrank zu shoppen. Wie das funktioniert, zeige ich dir heute.

Du hast mit Sicherheit einige Teile im Schrank, die du magst, allerdings bislang selten getragen hast. Das ist bei fast jeder Frau der Fall. Ich habe dir jetzt meine besten Tipps und Inspirationen dazu mitgebracht. Ideen für neue Kombinationen findest du...

1. auf Pinterest:

Pinterest ist im Grunde eine bunte Pinnwand zu ganz unterschiedlichen Themenbereichen. Dort findest du auch sehr viele Outfits. Das Schöne hieran ist, dass du dir eine private Pinnwand mit Inspirationen erstellen kannst. Für deine Kleidungsstücke, die wiederbelebt werden möchten, heißt dies im Grunde, dass du das besagte Stück als Suchbegriff dort eingibst (ähnlich wie bei Google) und dir dann sehr viele Outfits angezeigt werden.

Ein Beispiel: Wenn ich die Suchbegriffe „weiße Bluse Frau" in die Suchmaske eingebe, erscheinen kurz darauf unzählige Bilder von Frauen, die eine Bluse tragen. Auf diese Weise kannst du tolle neue Looks entdecken. Schau einfach bei dir im Schrank, welche Teile du davon bereits hast oder kreiere Abwandlungen. Du wirst sehen: Das macht richtig Spaß!
Wenn du magst, lege dir alle Dinge, die du derzeit nicht gut kombinieren kannst, zur Seite und erstelle dir auf Pinterest deine „Private Pinnwand" mit neuen Impulsen. So gibt es keinen Tag mehr, an dem du nicht weißt, was du anziehen sollst.

Wenn du dir dann deine Outfits aus deiner vorhandenen Kleidung neu zusammengestellt hast, fotografiere sie dir und du hast sie immer griffbereit, wenn es mal schnell gehen soll. Du kannst sie auch ausdrucken und an die Innenseite von deiner Kleiderschranktür kleben. Schau mal, was für dich der beste Weg ist.

2. bei Instagram:

Dieses soziale Netzwerk ist mir in den letzten Monaten sehr ans Herz gewachsen, weil hier einfach tolle Frauen unterwegs sind. Du kannst diese Plattform in vielerlei Hinsicht nutzen. Falls du noch nicht bei Instagram bist, lohnt es sich, einen Account einzurichten. Du kannst ihn auf „privat" stellen und so einfach nur anderen zuschauen und dich inspirieren lassen.

BITTE WENDEN

Es gibt auch bei Instagram eine Suchfunktion über die Lupe im Menü. Dort gibst du einfach das Zeichen „Hashtag“ und das Kleidungsstück ein, zu dem du Ideen möchtest, z. B. #weißebluse. So erhältst du tausende Bilder, die du dir auch abspeichern kannst.

Auf Instagram sind Frauen jeglichen Alters unterwegs. Suche am besten nach Frauen, deren Stil dir gefällt. Es macht Sinn, sich hier auch ein wenig daran zu orientieren, ob sie eine ähnliche Konfektionsgröße und Haarfarbe oder gar eine ähnliche Frisur wie du haben. Dann ist es immer leichter, sich die Looks auch an sich selbst vorzustellen.

Gerne habe ich dir meine **Lieblingsaccounts** rausgesucht, die mich in Sachen Mode, allerdings auch in den Bereichen Make-up, Beauty und Persönlichkeitsentwicklung inspirieren oder gar zu Vorbildern geworden sind.

Everday Mode Inspiration:
@petradieners (Lieblingsstil aus Düsseldorf) war auch schon einmal live zu Gast auf meinem Kanal und hat uns ihr Ankleidezimmer gezeigt. Petra hat einen wunderbaren stilvollen und immer modischen Geschmack. Jeden Tag postet sie neue Inspirationen. Sie mixt sehr hochwertige Klassiker mit coolen Trendteilen.

@eva_bou_
Eva hat einen Stil, den ich als sportlich & schick bezeichnen würde. Das ist übrigens der häufigste Wunsch von meinen Kundinnen, wenn ich frage, welchen Stil sie sich wünschen.

Modeikone:
@iris.apfel aus New York.
Wenn du gern mehr Accessoires tragen möchtest und dich nicht traust, dann solltest du Iris folgen. Es gibt auch eine tolle Dokumentation über ihr Leben. Sie ist der Beweis dafür, dass das Alter keine Rolle spielt, wenn es um Styling und Modemut geht.

Curvy:
@caterina_pogorzelski
Podcast: Megabambi
Caterina ist eine wunderbar positive Frau, die eine außergewöhnlich schöne Stimmfarbe hat. Besonders den Podcast „Megabambi“ kann ich dir empfehlen – nicht nur, wenn du Plus size bist, sondern für alle Konfektionsgrößen. Caterina gibt viele Styling-Tipps und spricht sehr oft über Selbstliebe und Co. Höre einfach mal rein. Zudem kannst du dich von ihren lebensfrohen Looks auf Instagram inspirieren lassen.

Ich habe es schon mehrmals erwähnt: Instagram Lives sind für mich spannender als TV-Sendungen, da ich hier ganz bewusst und gezielt konsumieren kann. Es ist im Grunde eine Liveübertragung zu der jeweiligen Person, der du folgst. Du siehst in dem runden „Story-Button" den Untertitel „Live". Wenn du darauf klickst, kannst sie sehen. Du selbst bist nicht zu sehen, kannst allerdings Kommentare zu den Inhalten geben. Je nachdem, wie viele Zuschauer dabei sind, kann es sein, dass deine Frage oder deine Anmerkung live beantwortet bzw. erwähnt wird. Das ist eine Chatfunktion.

Viele Instagram Lives werden oft, wie ich es auch mache, im Nachgang abgespeichert und so kannst du dir ein interessantes Thema später ansehen, wenn es für dich passt. Ich mache das sogar manchmal während der Autofahrt, wenn das Bild für mich nicht so wichtig ist.

Und noch ein letzter Tipp zu Instagram: Wenn du eine bestimmte Marke gut findest, lohnt es sich, immer mal wieder auf den entsprechenden Insta-Account zu gehen oder den Newsletter zu abonnieren. Dort bekommst du ganz oft Rabattcodes zugesandt, die sich wirklich lohnen.

3. in Lookbooks und Zeitschriften:

Hier kommt es natürlich auf dein Alter und deinen Stil an. Ich selbst habe z. B. die *Instyle* abonniert, ein Magazin, das immer über die neuesten Trends informiert. Die Outfitkombinationen darin sind oft sehr gewagt. In der gut bekannten *BRIGITTE* finde ich die Vorher-Nachher-Geschichten immer toll gemacht.

Schaue einfach mal, welche Zeitschrift dich anspricht und hole dir dort Modeinspirationen.

Lookbooks sind dir wahrscheinlich bislang noch kein Begriff. Diese kleinen Hefte liegen immer mal wieder in Modehäusern aus. Darin ist die aktuelle Kollektion in Teilen vertreten und an Modellen kombiniert. Hier ist immer schön zu sehen, wie die Kleidungsstücke zusammengestellt werden. Alternativ kannst du dich auch auf den Webseiten deiner Lieblingsmarken umsehen.

Warum die richtigen Farben das Kombinieren erleichtern

An Tag 12 hast du ja schon bewusst auf die Farbauswahl in deinem Schrank geschaut. Es ist immer leichter, Kleidungsstücke zu kombinieren, die **in ähnlichen Farbwelten** unterwegs sind.

BITTE WENDEN

Das heißt zum Beispiel, wenn du gern kühle Farben trägst (blau, rosa, gelb, grau, weiß, anthrazit), gibt es ganz schnell sehr viele Outfitzusammenstellungen, die miteinander harmonieren. Gleiches gilt natürlich auch, wenn du zum Beispiel viele warme Töne (wie braun, ein warmes Rot, orange und Co.) in deinem Kleiderschrank hängen hast.

Wenn du dir unsicher bist, welche Farben in deinem Schrank sich wie kombinieren lassen, empfehle ich dir, das Farbenkapitel (No. 6) zu studieren, oder auch auf Instagram oder Pinterest zu schauen. Gib dort einfach die Farbe und die Art von Kleidungsstück in das Suchfeld ein und du erhältst in einer Sekunde ganz viele Bilder, die dir eine neue Welt aufzeigen.

Wenn du dir **starke Kontraste** wünschst, kannst du natürlich auch mit den jeweiligen Komplementärfarben arbeiten. Diese Farben liegen sich im Farbkreis gegenüber und sind sogenannte Ergänzungsfarben. Sie löschen sich gegenseitig aus, wenn sie miteinander gemischt werden. Der Kontrast zwischen zwei komplementären Farben wirkt sehr extrem und lebendig, da sich die Farben in ihrer Wirkung gegenseitig verstärken.

Jeder Mensch, jedenfalls in Deutschland, darf das anziehen, was er möchte. Deswegen möchte ich dich gerade am Ende deiner Challenge noch einmal ermutigen, mutig zu sein und einfach mal auszuprobieren. Unsere Kleidung ist ja kein Tattoo, das für immer bleibt. Nutze die Vielfalt, die wir auf dieser Welt haben.

Und dies ist eine wunderbare Überleitung zu **deiner letzten Aufgabe – Shoppen auf Rezept:**

Das ein oder andere Stück wird dir vielleicht noch fehlen. Wobei ich mir fast sicher bin, dass es keine sehr lange Liste werden wird.

Halte hier fest, was dir wirklich noch im Kleiderschank fehlt:

Wenn du nun festgestellt hast, dass du einfach einige neue Stücke in deinem Leben brauchst, dann setze dies direkt um. Entweder gehst du in einige Geschäfte und probierst Sachen an, die du dir vorher niemals gegriffen hättest. Oder du machst eine größere Onlinebestellung in einem Shop, der viel Auswahl hat. Wenn die Sachen da sind, probierst du einfach mal alles an, und lässt im Hintergrund dazu deine Lieblingsmusik laufen. Der Vorteil ist, dass du bei einer Onlinebestellung die neuen Teile direkt mit deiner vorhandenen Garderobe kombinieren kannst. Das erspart dir bestimmt einen Fehlkauf.

Hast du vielleicht eine Freundin, deren Stil dir gefällt? Falls ja, lade sie zu dir ein und zeige ihr die Sachen, zu denen du dir eine zweite Meinung wünschst. Sie zaubert dir im Idealfall ein paar schicke Kombis.

Und wenn alle Stricke reißen oder du schnell zum Ziel kommen möchtest? Dann schreibe mir eine E-Mail oder rufe mich an. Wir sind nur einen Klick voneinander entfernt. Ob im Online- oder Offline-Coaching – gerne bin ich für dich da.

Wenn du jetzt nach deiner ganz persönlichen Kleiderschrank-Challenge dranbleiben möchtest, folge mir gern auf Instagram. Dort bekommst du gratis jede Menge Tipps rund um die Themen Kleidung, Make-up, Frisur, Accessoires und Co. Zudem kannst du bei spannenden Interviews mit wunderbaren Frauen live dabei sein oder dir die Aufzeichnungen im Nachgang anschauen. Ich freue mich, dich dort zu sehen!

Hier ist mein Instagram-Profilname: @carola_nahnsen
Jeden Sonntag von 19 bis 20 Uhr findet ein Live statt.

In meinem **Newsletter** wirst du über neue Termine, Projekte und Neuigkeiten informiert. Trage dich gern kostenlos über meine Webseite ein:
www.carola-nahnsen.de

Ich wünsche dir einen Schrank voller Lieblingskleidung und immer den Modemut, den du dir wünschst. Zeig dich der Welt, dafür bist du da.

Deine Carola

Dankeschön

Mein großer Dank geht an meine Eltern, die mich immer unterstützt haben.

Papa, als ich mit diesem Buch angefangen habe, warst du noch auf dieser Welt. Während ich schrieb, bist du über die Regenbogenbrücke gegangen. Ich weiß, dass du sehr stolz auf mich gewesen bist und dieses Buch so gern in deinen Händen gehalten hättest. Irgendwann gucken wir es uns zusammen auf einer der Wolken an. Für dich war nie ein Weg zu lang ... Du hast mein Licht gesehen, auch wenn ich im dunklen Tal war und wolltest immer nur, dass ich glücklich bin.

Umso dankbarer bin ich, dass meine Mutter ihr erstes Enkelkind kennenlernen wird und schon fleißig Babysachen mit mir zusammenstellt.

Danke an meinen Mann Peter, der mich von der ersten Minute meiner Selbstständigkeit an unterstützt hat und wie kein anderer Mensch an mich glaubt. Du hast mich in Marrakesch auf der Terrasse schreiben lassen und einfach nur auf mich gewartet, bis ich fertig war.

Mein Dank gilt Esther Middeler, meiner Lektorin, die mir den Glaubenssatz „Ich kann doch kein Buch schreiben" mit einem einzigen Gespräch genommen hat. Und natürlich Lea Becker, meiner wunderbaren PR-Expertin, und Ina Oakley, die den Innenteil des Buches so wunderbar aufgewertet hat.

Ich danke meinen Freundinnen: Nicole Staudinger – die ein unglaubliches Vorbild ist,

Dr. Sabrina Wegenast – die schon mal vorsichtshalber Autogrammkarten für mich gedruckt hat und anscheinend Dinge sieht, die für mich weit weg erscheinen,

Britta Nolte, die immer dafür sorgt, dass ich schöne Haare habe und mir mit Rat und Tat zur Seite steht.

Meiner Instagram-Community, ohne die gar nicht ich auf die Idee zu dem Buch gekommen wäre, und die mich jeden Tag inspiriert und motiviert.

Besonders möchte ich mich bei Angelika, Ellen, Judith, Lina, Katharina, Meike, Sabrina und Yvonne bedanken.

Danke an alle meine Kundinnen, die bislang von der Buchidee gehört und direkt ein Exemplar haben wollten. Ihr seid der Grund, warum ich jeden Morgen aufstehe.

Danke an mein großes Netzwerk – ohne euch wäre ich nicht da, wo ich jetzt bin.

Sei du selbst, alle anderen sind bereits vergeben.

Oscar Wilde

Nachwort

Jetzt hast du dieses Buch bis zum Ende gelesen. Herzlichen Dank für dein Vertrauen und deine Lebenszeit. Ich bin mir sicher, dass du ein oder zwei Erkenntnisse für dich mitnehmen konntest und vielleicht auch schon umgesetzt hast.

Hier noch ein kleiner Schubser in Richtung „Wohlfühlen – jeden Tag".

Was hat sich bereits für dich nach dem Lesen dieses Buches positiv verändert?

Trage dir ein Ziel in deinen Kalender ein, welches du für dich umsetzen wirst. Und notiere dir hier, wie du dich fühlst, wenn du das Ziel erreicht hast.

Welche Frau aus deinem Umfeld sollte dieses Buch lesen?

Tagge mich in einer Story auf Instagram, wenn du dein Ziel erreicht hast: @carola_nahnsen oder schreibe mir eine E-Mail an: info@carola-nahnsen.de

Für dich habe ich dieses Buch geschrieben.

Deine Carola

Das Beste kommt zum Schluss:

Speziell für meine Leserinnen habe ich Rabatte für ausgewählte Marken vereinbart. Sie sind jederzeit nutzbar und werden ständig aktuell gehalten unter:
www.carola-nahnsen.de/rabattcodes

Bilderverzeichnis von all den wunderbaren Fotografen, die mir ihre Bilder zur Verfügung gestellt haben.

Coverfoto: Markus Püttmann
Seite 34: © Esau-Fotografie
Seite 41: www.awaken-beauty.de
Seite 51: Philipp Hülsmann
Seite 68: Mime et moi
Seite 70: Markus Püttmann
Seite 73: Philipp Hülsmann
Seite 75: Julia Löhning
Seite 79: Grafik gemeinfrei
Seite 87, 88, 90: Antje Schomacher
Seite 105: privat
Seite 106: oben: www.awaken-beauty.de, privat, Markus Püttmann
unten: privat, Nicole Cyran
Seite 118: Julia Löhning
Seite 123: Karolina Woznicka
Seite 127: Markus Püttmann

Über die Autorin

Carola Nahnsen ist mit Herz und Seele Fashion-Stylistin. Sie ist Expertin für moderne Stilberatung, Personal Shopping und Kleiderschrank-Checks. Auf der legendären Queen Mary 2 gab sie Styling-Workshops und arbeitete bereits für zahlreiche TV-Produktionen von ZDF, RTL und SAT.1.

Zu ihren Kundinnen gehören SPIEGEL-Bestsellerautorinnen, Bundestagsabgeordnete, Unternehmerinnen und vor allem Powerfrauen – die sie noch mehr zum Strahlen bringt. Mit ihren Instagram-Lives begeisterte und inspirierte sie bereits über 300.000 Zuschauerinnen.

Carola lebt mit ihrem Mann, dem Unternehmer Peter Giesen, und ihrem Bearded Collie „Espresso" im schönen Münsterland.

Printed in Poland
by Amazon Fulfillment
Poland Sp. z o.o., Wrocław

81200065R00114